조기의 한국사

조기의 한국사

바다에서 밥상까지 조기로드에 얽힌 맛있는 역사

ⓒ 정명섭 2020

초판 1쇄   2020년 4월 10일

지은이   정명섭

출판책임	박성규	펴낸이	이정원
편집주간	선우미정	펴낸곳	도서출판 들녘
디자인진행	김정호	등록일자	1987년 12월 12일
편집	박세중·이수연	등록번호	10-156
디자인	한채린		
마케팅	정용범	주소	경기도 파주시 회동길 198
경영지원	김은주·장경선	전화	031-955-7374 (대표)
제작관리	구법모		031-955-7381 (편집)
물류관리	엄철용	팩스	031-955-7393
		이메일	dulnyouk@dulnyouk.co.kr
		홈페이지	www.dulnyouk.co.kr

ISBN	9791159255281(03910)	CIP	2020011654

이 도서의 국립중앙도서관 출판예정도서목록(CIP)은 서지정보유통지원시스템 홈페이지(http://seoji.nl.go.kr)와 국가자료공동목록시스템(http://www.nl.go.kr/kolisnet)에서 이용하실 수 있습니다.

인문
교양
030

조기의 한국사

정명섭 지음

바다에서 밥상까지
조기로드에 얽힌
맛있는 역사

조기, 문화가 되고 역사가 되다

스마트폰으로 거의 모든 일을 처리할 수 있는 시대다. 언제 어디서 든 '지금 여기'에서 보고 듣고 읽고 쓸 수 있다. 이렇게 시간과 공간 이동의 제약이 사라지니 몸을 움직일 일도 점점 줄어든다. '포노 사피엔스(Phono Sapiens)'란 표현도 괜히 생긴 게 아닌 듯하다.

안타까운 점도 있다. 언제 어디서나 원하는 것을 쉽게 구할 수 있게 되면서 그게 무엇이든 그 안에 담겨 있는 역사와 이야기에 대한 관심이 희미해졌다는 점이다. 가볍게 즐기는 게 대세다. 특히 음식 문화가 그렇다. 하지만 밥상에 오르는 음식 가운데 '그냥' 혹 은 '우연히' 등장하는 것은 없다. 모두 나름대로의 역사와 이야기 를 갖고 있다. 우리가 날마다 만나는 배추김치만 해도 중국 산동 성이 고향인 호배추와 왜겨자라 불린 고추가 결합되어 탄생한 것 아닌가?

나는 이 책에서 '조기'(흔히 '굴비'라고 부르는 생선)에 대해 이야기 를 나눠보려고 한다. 조기가 '위로는 왕의 신성한 밥상에, 아래로 는 서민들의 고단한 밥상에'까지 올랐을 만큼 대중적인 사랑을 받았던 식재인 탓이다. 그리고 또, 한편으로는 교통이 불편하고 오랫동안 음식을 보관할 시설도 없었던 시절, 사람들이 고생을 무릅쓰면서 먼 바다로 조기잡이를 떠났던 이유가 궁금했기 때문이기도 하다. 우리 밥상에 올라 대접받은 생선이 꼭 조기여야만 하는 어떤 배경이 있었던 건지 그 역사도 궁금했다.

살림을 책임지는 어머니들은 소금단지 안에 굴비를 넣어두고서 든든해했다. 옛 이야기에 종종 등장하는 자린고비는 천장에 매달아놓은 굴비를 쳐다보면서 맨밥을 먹었다 하고, 조선의 21대 임금 영조는 입맛이 없을 때면 밥을 물에 말아 쭉 찢은 보리굴비를 고추장에 찍어 먹었다고 한다. 어디 영조뿐일까? 우리도 마찬가지다. 잘 익은 조기구이나 조기찌개가 밥상을 점령하면 집 나간 입맛이 살아나기 일쑤다.

조기는 어떻게 해서 그토록 오랫동안 한국인의 밥상에서 동고동락할 수 있었을까? 잠시 시대를 거슬러 올라가보자. 우선 고려시대의 인종이다.

임금의 장인이자 당대 권력가였던 이자겸은 왕위를 넘봤다는 죄목으로 전라도 영광으로 유배된다. 그리고 그곳에서 임금에게 조기를 진상하면서 비록 선물을 하긴 해도 굽힌 것은 아니라는 뜻으로 '굴비(屈非)'라 적어 보냈다고 한다. 한때 임금보다 더한 권세를 누렸던 이자겸의 마지막 사돈심에서 생선의 이름이 유래되었다는 대단히 흥미로운 이야기인데, 안타깝게도 오늘날 이 이야기는 정설로 취급받지 못한다. 이자겸이 영광으로 유배를 온 것은 사실이지만 조기를 굴비로 만들어서 보냈다는 사실은 확인되지 않았기 때문이다. 게다가 당시의 이자겸은 그렇게 뻣뻣하게 굴 수 있는 형편도 아니었다.

어쨌든 이 일화에서 중요한 점은 조기, 그리고 조기를 가공한 굴비에 이런 그럴듯한 이야기가 만들어질 정도로 조기가 오랫동안 대중의 사랑을 받았다는 것, 그리고 임금에게까지 진상되었다는 점이다. 그런데 조기가 이렇게 오랜 기간 사람들의 밥상에서 요직을 차지했던 이유는 따로 있다. 바로 임금이 사랑한 음식이라는 점, 즉 '나도 임금과 같은 음식을 먹는다'는 그 쾌감이다. 이런 감정은 고려와 조선, 그리고 임금이 사라진 현재에도 잘 살아 있다. 맛집으로 소개되는 식당에 붙어 있는 전·현직 대통령이나 유명인의 인증 사인이 좋은 예다.

조선시대에는 조기가 굴비가 되어서 밥상에 오르기까지 많은 노력과 시간, 그리고 손길이 필요했다. 한마디로 공을 엄청 들여야 했다. 당시로서는 드물게 큰 배를 타고 먼 바다로 나가서 몇 달 동안 조업을 했는데 이렇게 잡힌 조기들은 '상고선'이라 불리는 운반 배에 실려서 포구에 닿았고, 거기서 소금에 절여져 내륙으로 팔려 갔다. 상업 활동이 극히 미비했고, 도로 교통 또한 최악이었던 조선시대였지만 조기는 수백, 수천 리를 달려 임금의 밥상과 제사상에 올랐다. 물론 백성들의 밥상에도 올랐다. 실크로드에 비교될 수는 없지만 가히 '조기의 길'이라고 불릴 만큼 먼 거리를 이동한 것이다. 그러면서 조기는 일상으로 스며들어 문화가 되었고, 역사가 되었다.

어린 소녀는 엄마 심부름으로 소금단지 안에 든 조기를 꺼내면서 혀끝을 살짝 대보고 혀를 내둘렀을 테고, 어른이 되어 혼례를 치르면서는 혼례상에 수줍게 놓인 굴비를 바라보았을 터다. 혼례를 치르고 시집살림을 맡게 되어서는 어머니에게 배운 대로 소금단지 안에 조기를 넣어두었을 것이다. 급할 때 요긴하게 쓸 수 있는 반찬거리가 있다는 생각에 어머니를 닮은 미소를 지으면서. 나이 들어 입맛이 없어지면 보리항아리에 넣어둔 보리굴비와 물에만 밥으로 잃어버린 식욕을 되찾았을 것이다. 그러다가 세상을 떠나면 그녀의 제사상에도 잘 생긴 굴비가 올라갔다. 이처럼 한국인은 일평생을, 그리고 사후에도 조기와 함께했다.

대체 그 어떤 욕망이 그 옛날 수많은 난관에도 불구하고 바다의 조기를 뭍으로 불러낸 것일까? 대체 어떤 맛이기에 조기는 오늘날에도 굳건히 밥상의 주연 자리를 차지하고 있는 걸까? 생각하면 생각할수록 신기하다. 이제 나는 독자들과 함께 조기가 우리에게 선택받고 살아남은 이유를 알아보러 긴 여행을 떠나려 한다. 단언컨대 이 길은 가장 맛있는 역사를 찾아가는 여정이 될 것이다.

차례

제5장   파도 위의 시장, 파시

제1장

어느 물고기 이야기

조기의 일생

내 이름을 찾아줘

여기 물고기 한 마리가 있다. 생김새가 밉지 않다. 몸 전체는 은색이고 배 부위만 노랗다. 이놈을 노릇노릇하게 구워 밥상에 올리면 젓가락질이 빨라진다. 어린아이에겐 난공불락의 밥반찬이기도 하다. 서툰 젓가락이 매끈한 살을 자꾸 놓치기 때문이다. 이 물고기는 5년 정도 아무 일 없이 자라면 30센티미터 넘게 클 수 있다. 물론 대부분은 두 해를 넘기지 못한다. 이 물고기의 이름은 무엇일까?

사람들은 이것을 물고기 중의 으뜸이라는 의미에서 '종어(宗魚)'라고 불렀다. 그런데 급하게 발음하다가 어느 순간부터 '조기(助氣)'가 되었고 결국 그게 이름이 되었다. 뜻풀이를 좋아하는 사람들은 기를 북돋는 생선이라는 멋진 해몽까지 붙여주었고 말이다. 그 뿐인가? 머리에 돌이 있는 생선이라는 뜻으로 '석수어(石首魚)'라고도 불렀는데, 조기의 머리 안에 있는 이 돌을 이석(耳石)이라고 부른다. 이석은 몸의 균형을 잡아주기도 하지만 이것을 잘 분석하면 조기의 나이를 파악하는 데도 활용할 수 있다.

1930년대까지는 조기라는 말보다 석수어라는 이름을 더 많이 썼다. 그러다가 1930년 무렵부터 조기라는 명칭이 대세가 되었다. 하지만 서해안의 어부들은 '조구'라는 말을 더 많이 사용했다. 물고기 한 마리가 이처럼 다양한 이름으로 불린 걸 보면 아무래도 이 물고기는 인기가 참 많았던 성싶다.

조기 패밀리와 그 상속자들

조기는 민어과에 속하는 물고기로 몇 가지 종류로 나눌 수 있다. 우선 조기 일반에 해당하는 '참조기'가 있다. 우리가 보통 조기라고 부르는 그 생선인데, 모양은 가슴지느러미부터 꼬리지느러미까지 사각형이라고 해도 좋을 만큼 일자형이고, 비늘은 조금 큰 편이라서 덩치가 있는 조기의 경우에는 비늘이 엄지손톱만 하다. 입은 다른 조기 종류에 비해서 크고, 아래턱이 위턱보다 튀어나왔다. 조기의 구분법은 참조기인지 아닌지를 판별하기 위해 생겨났다고 해도 과언이 아니다. '참'이라는 단어 자체가 이미 진짜라는

참조기는 '황조기'라고도 불리는데, 배가 황금색이기 때문이라고 한다.

의미를 포함하니 말이다.

참조기는 예전부터 우리가 먹었던 조기다. 가장 맛있다는 평가를 받기 때문에 조기 집안의 장자, 혹은 정통 후계자라고 할 수 있고, 조기 파시를 있게 한 일등공신으로 돈 대신 화폐처럼 쓰이기도 했다. 다른 형제와 사촌들이 속속 등장했는데도 위치가 흔들린 적은 단 한 번도 없다.

그다음으로 참조기의 사촌뻘인 '수조기'가 있다. 참조기와 가장 많이 헷갈리는 조기인데, 비늘이 참조기보다 작은 편이다. 몸통 비늘에 검은 점들이 있고 얼굴이 뾰족한 편이라 둥그스름한 참조기와 구분하기 쉽다. 머리와 몸통은 납작하고, 모양은 참조기와 달리 전체적으로 둥그스름하다. 또한 참조기와 반대로 위쪽 턱이 아래턱보다 더 나온 편이라 주둥이가 뾰족해 보인다. 다만 등 쪽이 노란 색을 띠고 있어서 종종 참조기와 헷갈리기도 한다.

보구치라고도 불리는 '백조기' 역시 참조기의 사촌이라 부를 만하다. 참조기와 수조기의 입이 약간 아래쪽에 붙어 있다면 백조기의 입은 머리 제일 앞에 위치한다. 사람으로 치면 콧등이 없는 형태라 약간 어리바리하게 보이며, 백조기라는 이름답게 온몸이 하얗다. 참조기나 수조기의 꼬리지느러미가 전체 혹은 끝 부분이 진한데 비해 백조기는 꼬리지느러미조차 거의 하얗다. 이렇게 몸 전체가 하얗지만 딱 한 군데 아가미 뚜껑에 김징색 빈점이 있어서 마치 점을 찍은 것처럼 보인다.

'부세'는 참조기와 먼 친척이지만 입 모양도 비슷하고 아랫배도 노란색이라서 종종 쌍둥이로 오해받는다. 꼬리지느러미가 참조기에 비해 가늘다는 정도가 구분점이다. 하지만 서해안을 거의 횡단하는 참조기와 달리 올라오는 시늉만 하고 남쪽으로 돌아간다. 중국 쪽 해안으로 가는 부세는 5월쯤 산둥반도에 닿아서 산란하고, 한반도 쪽으로 올라온 부세는 목포 앞바다 정도까지만 올라왔다가 내려간다. 부세는 우리 바다에서 조기가 사라지자 대체 품목으로 인기를 끌었는데, 1970년대와 1980년대 조기 파시들이 전남 신안군 재원도와 남쪽에 있는 자은도의 사월포에서 열린 것도 부세의 이동 경로 때문이다. 파시가 열릴 정도로 많이 잡힌 덕분에 가짜나 짝퉁이라는 불명예를 씻고 당당하게 조기 집안의 한 자리를 차지했다. 부세를 보면 마치 찬밥 대접을 받던 서자나 막내아들의 눈부신 성공 스토리를 보는 듯하다. 사실 부세는 참조기보다 몇 배 크게 자라기도 한다. 물론 관심을 받지 않고 유유자적하게 지내다가 졸지에 어부들의 타깃이 된 부세에게는 안 좋은 일이겠지만 말이다.

마지막으로 조기 패밀리에 들어가는 것이 바로 '황석어(黃石魚)'다. 황강달이라고도 부르는 이 생선은 참조기의 먼 친척으로 조기 패밀리 중에서 가장 작다. 몸통이 길고 납작하며 꼬리지느러미가 긴 황석어는 아랫배가 참조기만큼 노랗다. 만약 이 황석어가 비슷한 크기였다면 부세보다 더 좋은 대접을 받았을 것이다. 하지만 황석어는 참조기의 절반 정도밖에 자라지 않는다. 크기가 작아서 주로 소금에 절여서 젓갈을 담아서 먹는다.

조기의 일생

조기의 고향은 따뜻한 남쪽 나라, 아니 남쪽 바다다. 이들은 제주도 남서쪽의 동중국해에서 겨울을 보내고 봄이 되면 서서히 북상한다. 서남해의 수많은 섬과 복잡한 해안 지형을 따라 난류가 흐르고, 그걸 쫓아서 조기가 올라오는 것이다. 서해안은 수심이 100미터 안팎인데 얕은 곳이 더 많고, 서해는 여름이 되면 수온이 따뜻해진다. 조기는 이 따뜻해진 물을 따라 북쪽으로 움직여서 제주도와 추자도를 거쳐서 3~4월이 되면 칠산 바다에 모습을 드러냈다가 4월이 오면 연평도 근처에 도달한다. 그리고 다시 북쪽으로 올라가서 6월쯤 대화도 근방에 도착하여 서해안에서의 긴 여정을 끝낸다. 따뜻한 난류를 쫓아서 북쪽으로 올라갔던 조기는 이제 추워지기 전에 남쪽으로 내려가는데 중국 해안 쪽을 따라서 다시 남중국해로 내려간다. 이런 식의 이동은 매년 기계적으로 반복된다.

특징 기간 동인 조기가 따뜻한 남쪽 바다에서 지내다가 **북쪽으**로 올라오는 이유는 명확하게 밝혀지지 않았다. 조기가 따뜻한 물

조선민주주의
인민공화국

동 해

황 해

대 한 해 협

일본

제주도

동 중 국 해

조기의 이동경로

을 좋아해서 수온이 올라가면 북상하는 거라고 말하지만 단지 그
게 이유라면 그냥 따뜻한 남쪽 바다에 머물러 있어도 될 일 아닌
가? 연구자들은 조기의 이러한 행동 양식이 산란과 깊은 연관이
있다고 추정한다. 새끼를 낳기 위해서 얕은 바다를 찾아야 했고,
또 알에서 태어난 새끼들이 먹이를 쉽게 구할 수 있는 곳을 찾아
야 했다. 조기 어장으로 손꼽히는 칠산 바다와 연평도 주변은 그
런 조건에 딱 들어맞는다. 따라서 북상하던 조기는 적당한 장소
를 찾으면 짝짓기를 하고 산란을 하는데, 어부들의 조기잡이는 이
때 이뤄진다. 어군 탐지기가 없던 시절이지만 어부들은 조기가 찾
아오는 것을 알 수 있었다. 바로 조기 울음소리 때문이다. 산란하

기 적당한 장소에 도착한 조기들은 떼를 지어서 수면 위로 올라와 짝짓기를 위해 울었다. 그리고 이 울음소리가 들려오면 본격적인 조기잡이가 시작되었다. 짝을 찾기 위해 낸 울음소리가 본의 아니게 저승사자들을 끌어들인 셈이다.

조기는 한 번에 3만 개에서 7만 개 정도의 알을 낳는다. 산란을 마친 조기들은 쇠약해진 몸을 이끌고 다시 고향인 남중국해로 돌아간다. 보통 조기는 5년 정도 자라면 산란하는 것으로 알려져 있다. 하지만 인간의 무시무시한 남획이 이어지자 나름대로의 대책을 세웠다. 2년 정도 자란 상태에서도 산란을 시작하고, 산란 장소도 바꾼 것이다. 또 한편으로 죽음의 바다로 변해버린 서해로 올라가지 않고 남중국해에 그대로 머물거나 추자도 근방까지만 올라갔다. 덕분에 멸치를 잡던 추자도는 조기잡이에 한창 열을 올리게 되었다. 이런 변화에도 불구하고 대다수의 조기들은 2년 정도 살고 그물에 잡히는 것으로 생을 마감한다. 어떻게든 살아남기 위해 발버둥을 치는 조기의 일생을 살펴보면 인간이 자연에 끼치는 영향이 얼마나 큰지 알 수 있다.

수조 안의 조기

: 매트릭스

기술이 발달하면서 사람들은 우선적으로 '돈'에 도전했다. 돈을 많이 벌 수 있는 방법에 대한 고민이 대다수 사람의 일상을 지배하기 시작했다는 뜻이다. 그런데 돈을 벌기 위한 기술의 발전은 때로 뭔가의 삶을 송두리째 바꿔버리기도 한다. 광어를 좋아하는 소비자들 덕분에 우리나라의 광어 양식 기술은 타의 추종을 불허하게 되었고, 일본 역시 1920년부터 일찌감치 도미 양식에 뛰어들었다. 사람들은 싼 값에 원하는 생선을 먹게 되었지만 바다에서 살던 물고기들은 가두리 양식장이나 인공 수조 안에서 태어나 그곳에서 삶을 마감해야 하는 일대 전환을 맞게 되었다. 조기도 마찬가지다. 한때 국민 생선이라고 불렸던 조기는 이제 값비싼 생선이 되어버렸다.

조기의 몸값이 뛰면서 뜻하지 않은 도전이 벌어졌다. 바로 조기

의 양식이다. 먼 바다에 사는 회유성 어종인 조기를 양식하겠다
는 생각은 기술 진보와 더불어 어떻게든 조기를 더 자주 먹어보겠
다는 열망이 손잡은 결과물이다. 조기의 양식에 관한 자료를 보
고 글을 쓰면서 자연스럽게 영화 〈매트릭스〉를 떠올렸다. 인간이
컴퓨터의 전력을 공급하는 건전지 역할을 했던 것처럼 먼 바다를
헤엄치며 자유롭게 살아가던 조기가 인간의 밥상에 오르기 위한
목적 아래 제 삶을 저당 잡혔으니까.

우리나라는 언제부터 조기를 양식했을까?

조기 양식에 대한 본격적인 연구가 시작된 것은 1993년이다. 해양
연구소에서 조기의 치어를 잡아 가두리 양식장에서 1년가량 키운
다음 수정란을 채취하는 데 성공한 것이다. 하지만 조기의 치어를
양식하는 데 어려움이 많았고, 2003년에 와서야 겨우 성과를 보였
다. 반복 실험으로 축적하게 된 양식 기술 덕분이다.

　물고기 양식의 성패는 산란할 수 있는 성숙한 암컷을 충분히 확
보할 수 있는가에 달려 있다. 하지만 조기를 잡는 과정에서 비늘
이 벗겨지거나 상처를 입으면 폐사해버리는 경우가 많았기에 양식
을 위한 조기는 그물로 잡지 않고 갯벌에 개막이를 세우고 잡아야
했다. 개막이는 소나무 말뚝 사이에 그물을 쳐서 밀물 때 들어온

양식을 위한 조기를 잡는 개막이
(출처:전라남도 해양수산과학원에서 발행한 〈알기 쉬운 참조기 양식2〉)

갯벌을 이동할 수 있도록 콤바인을 개조한 모습.
수조를 탑재해서 잡힌 조기들을 바로 넣을 수 있게 했다.
(출처:전라남도 해양수산과학원에서 발행한 〈알기 쉬운 참조기 양식2〉)

조기가 빠져 나가지 못하게 해서 잡는 방식이다. 전통적인 어로 방식인 어살과 유사한데 이렇게 하면 상처를 입지 않은 조기를 잡을 수 있었다.

조기 양식을 연구하는 전라남도 해양수산과학원 영광센터에서는 개막이를 쳐놓은 갯벌을 자유롭게 이동하기 위해서 콤바인이나 경운기를 개조했다. 여기에 수조를 탑재해서 개막이에 잡힌 조기를 바로 넣을 수 있게 했고, 이렇게 잡힌 조기들을 육상에 만들어놓은 수조로 옮겼다. 이때 붙잡힌 조기들이 70도 각도로 머리를 들고 헤엄치는 모습이 관찰되었는데 충격과 스트레스 때문인 것으로 보인다.

슬픈 신세계

인간에게 잡힌 조기들은 항생제를 처방하고 나서 며칠 정도 기다려야 원상태로 돌아온다. 이때 상태를 잘 관찰하면서 먹이를 줘야 한다. 이렇게 해서 조기를 서서히 길들이는데 최종 목표는 산란할 수 있는 상태까지 키우는 것이다. 물론 여러 가지 조치가 필요하다. 그중 가장 중요한 것은 물고기를 넣어서 기르는 수조, 즉 이들이 사는 집을 어떻게 최적화하는가 하는 점이다.

조기의 수조 역시 신경 써야 할 점이 한두 가지가 아니다. 일단

참조기 양식장. 콘크리트로 만든 원형수조가 조기를 기르는 데 가장 유리하다
(출처: 전라남도 해양수산과학원에서 발행한 〈알기 쉬운 참조기 양식2〉)

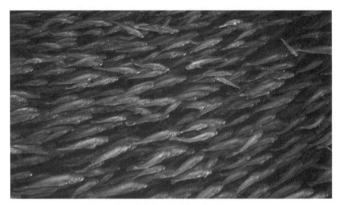

양식장에서 기르는 조기 치어들

수조를 원형으로 만들어 조기가 빙빙 돌면서 헤엄을 치게 한다. 그다음으로 중요한 점은 수조를 외부 충격이 덜한 콘크리트로 만들어야 한다는 것, 그리고 수심은 항상 1미터를 유지하도록 조절해야 한다는 점이다. 참조기는 민감한 어류라서 조금이라도 충격이 가해지거나 소음이 발생하면 건강 상태가 나빠진다. 대개 벽에

머리를 부딪쳐서 폐사한다. 따라서 조기 양식장은 반드시 조용한 곳에 건설하고, 조명도 최대한 어둡게 한다. 먹이에 영양제를 섞어서 건강을 유지하는 것도 중요하다.

양식장의 조기는 자연 상태처럼 봄철에 산란을 유도한다. 암컷과 수컷이 짝을 지어서 산란한 알들은 그물로 수집되어서 다른 수조로 이동한다. 그 후 선별된 수정란들을 인공부화하는데, 이렇게 태어난 치어들은 다른 조기처럼 바다가 아니라 수조가 고향이 되는 셈이다. 양식장에서 자란 조기들은 이후 한 번도 가보지 못했던 낯선 바다에 방류된다. 어족 자원의 회복을 위해서라고 하지만 양식장의 수조를 고향으로 알고 살던 조기들에게는 강제 이주나 다름없다. 인간의 남획으로 사라진 조기들은 역설적으로 인간의 손에 의해 다시 살아났다. 오랫동안 우리 밥상을 지켜준 먹거리를 잃지 않겠다는 의지가 열어준 조기의 슬픈 신세계인 셈이다.

제2장

조기와 어부

포작간과 생선간

국영 어부의 탄생

조선시대의 경제, 유통, 시장은 현대와 구조가 조금 달랐다. 요즘은 자본만 있으면 누구나 가게를 내고 사업을 시작할 수 있지만 조선시대만 해도 이런 식의 활동은 불가능했다. 농업을 중시한 사회였던 만큼 조선의 초·중기 상업 활동은 장시를 중심으로 한 물물교환에 불과했고, 누군가 지불 능력이 있는 위치에 있다 해도 필요한 것들을 제때 손쉽게 구하지는 못했다. 왕실도 마찬가지였다. 따라서 조정은 나라에 필요한 물품을 갖다 바치는 사람들, 즉 특수 공급책을 지정해야만 했다. 소금을 만들어서 바치는 '염간(鹽干)'이나 왕실에 우유를 공급하는 '수유적(酥油赤)'이 좋은 예이다.

그런데 소금과 우유만큼 꼭 필요했던 것이 해산물이다. 해산물은 왕실에서 제사를 지낼 때 반드시 상에 올려야 하는 식사재였지만 품질 좋은 것을 손에 넣기란 여간 어려운 일이 아니었다. 따라

31

서 왕실에서는 해산물을 공급하는 업을 가진 이들도 따로 지정했는데 이들이 바로 '포작간(鮑作干)'과 '생선간(生鮮干)'이다. 이름만 보아도 뭘 했는지 유추할 수 있는 생선간과 달리 포작간은 정체가 애매하다. 『조선왕조실록』에는 이들을 포작인이나 보자기라고 부른 흔적도 나온다.

에둘러 말하자면 포작간과 생선간 모두 국영 어부라고 할 수 있다. 포작간은 농민과 달리 일정한 거처를 두지 않고 배를 타고 다니다가 적당한 해안가에 이르면 장막을 치고 살았다. 이들은 해안가 고을에서 조정에 상납하는 해산물을 채취하고 가공하는 일을 했는데 왜구들이 무서워할 정도로 사나웠다고 한다. 이들의 삶은 한곳에 거처를 정하고 평생 떠나지 않은 채 농사를 짓는 일반 백성들과 달라도 너무 달랐다. 따라서 조정에서는 이들의 존재를 인정하면서도 혹시나 도적으로 돌변하지 않을까 하는 의심의 눈초리를 거두지 않았다.

조정에서는 정착생활을 하지 않고 여러 군데를 떠도는 포작간들을 어떻게든 정착시키거나 고향으로 돌려보내려고 했다. 이들 중 떠돌이 생활을 하다가 도적이 되는 사람이 많아지면 국정이 혼란해질 거라고 생각한 탓이다. 실제로 포작간들은 어선을 습격해서 재물을 약탈하고 왜인들이 신는 짚신을 남겨놔서 왜구들의 소행으로 위장한다는 의심을 받았다.

포작간을 정착시키거나 관리하는 일은 쉽지 않았다. 집이나 농토 같이 지켜야 할 것이 없던 포작간들은 여차하면 배에 가족과 가재도구를 싣고 다른 지역으로 떠나기 일쑤였다. 따라서 조정에서는 이들의 용모가 그려진 패를 지참하게 하고, 타고 다니는 배에는 낙인을 찍어서 구분하도록 했다. 아울러 다른 지역으로 넘어갈 때에는 별도의 여행증명서인 행장(行狀)을 반드시 지니도록 했다.

문제는 공납이야

그러나 포작간을 관리하려던 노력은 실패로 돌아갔다. 지방 수령들이 해산물 공납을 이유로 이들에 대한 통제를 외면했기 때문이다. 조선 후기에는 모든 세금을 쌀로 바치는 대동법이 시행되었는데, 그 전까지만 해도 다양한 형태의 세금이 있었다. 예나 지금이나 세금을 둘러싼 잡음은 쉽게 사라지지 않는데, 당시 가장 문제를 일으킨 것은 지역 특산물을 바치는 공납(貢納)이었다. 공납은 시장경제가 발달하지 않은 상황에서 국가에 필요한 물품들을 얻기 위해서 생겨난 것으로 『세종실록지리지(世宗實錄地理志)』에는 공납 물품이 수백 가지 나온다. 문제는 국가가 필요로 하는 수량을 일방적으로 정하여 각 지방에 할당했기에 납부 의무를 지닌 백성들이 이를 감당할 수 없었다는 점이나. 게다가 공납은 백성들이 한양에 직접 바쳐야 했다. 가공과 운송은 물론 그 과정에서 발생하는 비용 역시 납부자들이 책임져야 했다는 뜻이다.

그런데 관리들이 농간을 부리면서 상황은 더 복잡해졌다. 공납되는 물품을 대신 납부해주고 돈을 받는 대납(代納)의 등장까지는 그래도 괜찮았다. 문제는 대납 비용을 과도하게 요구하는 경우가 많았다는 점이다. 한술 더 떠서 정상적으로 납부하는 공납을 관리들이 이런저런 이유로 퇴짜를 놓은 다음 대납을 시키도록 유도하기도 했다. 이 과정에서 엄청난 폭리가 취해졌다. 그 밖에 공납품의 상태를 근거로 지방 수령의 평점을 매긴 것, 공납으로 바쳐지는 특산품은 다른 세금과 달리 왕실에서 사용되는 경우가 많아서 임금의 눈에 띄기 쉬웠다는 점, 농민들이 세금을 내려고 대충 만든 것과 업자들이 돈을 벌기 위해 만든 것은 품질부터 달랐다는 점 등도 공납제의 부조리를 심화하는 데 한몫했다.

공납되는 물품들 중에는 해산물도 포함되었다. 해산물은 왕실과 종묘의 제사에 자주 사용되었기에 특별히 신경을 써야만 했다. 『조선왕조실록』에 나오는 조기 관련 첫 번째 기록은 '조기를 종묘에 천신(薦新)했다'는 것인데 태조 6년인 1397년 4월 1일의 기사에 나온다. 천신은 곧 첫 번째로 수확하거나 얻은 곡식을 종묘에 바쳤다는 뜻이다. 이 기록은 『조선왕조실록』 기사에 딱 한 번 나오지만 매년 반복되었을 가능성이 굉장히 높다.

우리는 포작간이다

이들 포작간은 다른 의무 없이 오직 해산물을 바치는 일만 했기에 일반 백성 중에는 힘든 농사일을 포기하고 포작간을 따라 나서는 경우도 있었다. 사실 지방 수령에게는 이들을 고향으로 돌려보내거나 농민으로 정착시켜야 할 의무가 있었지만 이들은 중앙정부의 지시를 은근슬쩍 깔아뭉개거나 모른 척했다. 지방 관리 입장에서는 포작간을 단속하는 것보다 공납품을 손쉽게 구할 수 있는 상황이 본인들에게 더 유리했기 때문이다. 성종의 재임 기간 내내 포작간의 정착이나 귀환 문제가 반복적으로 거론된 것은 이 같은 배경에 기인한다.

포작간들에겐 거처할 집과 땅이 없었기에 그들은 일반 백성과 다른 방식으로 생활했다. 오직 바다에 기대어 살아간 것도 할 수 있는 일이 그것밖에 없었기 때문이다. 일정한 거주지 없이 배를 타고 떠돌아다녔던 포작간의 삶은 유랑민족인 집시와 매우 닮았다. 하지만 그들이 왜 이런 험한 삶을 선택했는가에 대해서는 명확하게 밝혀진 바가 없다. 그렇다면 누가 포작간이 되었고, 구체적으로 어떤 일을 했던 것일까?

포작간의 출신 지역으로 가장 많이 언급되는 곳은 제주도다. 제주도 출신의 포자간들이 전라도나 경상도 지역으로 옮겨오면서 해산물을 채취하게 되었다는 것인데, 그들은 왜 고향인 제주도를 떠나 낯선 땅을 오가며 떠돌이 생활을 하게 되었을까?

제주도는 화산 지형이라 농사에 적합한 곳이 아니었다. 사방이 바다였으니 태풍 같은 자연재해의 피해도 많았다. 그 와중에 토착 세력과 지방 수령들의 수탈이 겹치면서 제주도의 삶은 더욱더 힘들어질 수밖에 없었다. 제주도에서 나오는 전복이나 귤 같은 특산품을 조정에서 점점 더 많이 요구했는가 하면 지방 수령들의 착복까지 겹쳐지면서 백성의 부담은 날로 증폭되었다.

제주도 포작간들이 주로 채취했던 것은 전복이다. 전복은 구하기도 어려웠지만 건조하는 과정 역시 쉽지 않았고, 이 작업에 필요한 배를 빌리거나 사람을 쓰는 일에도 비용이 많이 발생했다. 결국 출구도 없고 저녁도 없는 삶에 지친 포작간들은 제주도를 탈출하여 전라도와 경상도 해안가를 떠돌게 되었다.

해당 지역 수령들은 기회를 놓치지 않았다. 해산물을 잡고 가공하는 노하우를 가진 포작간들을 이용하여 공납 문제를 해결하려 들었다. 전라도의 경우 공납 품목 중 조기가 빠지지 않았는데, 법성포 같은 곳은 파시가 형성될 정도로 조기가 많이 잡혔지만 다른 지역에서는 조기나 그것을 가공한 굴비를 손에 넣기가 쉽지 않았다. 결국 포작간이 조기를 잡아서 굴비로 가공해 상납하면 이것을 받아 다시 조정에 납부하는 시스템이 만들어졌고, 이로써 포작간의 삶은 공납에 예속되었다. 죽은 사람을 기리는 제사에 산 사람의 삶이 송두리째 빨려 들어간 셈이다.

시간이 흐르면서 바다에 익숙한 이들을 수군으로 활용하자는 논의도 일어났다. 실제로 1592년 임진왜란이 벌어지자 포작간들은 판옥선의 노를 젓는 격군이 되거나 보급과 정찰 임무를 맡기도 했다. 이들이 타고 다니는 포작선은 작고 속도가 빨랐기 때문이다.

이순신 장군의 『난중일기(亂中日記)』에도 포작간이 등장한다. 왜군이 온다는 헛소문을 퍼트리고 소를 노략질하려고 시도했지만 붙잡혀서 참수당하고 말았다는 이야기다. 원균이 이끌던 조선 수군이 참패한 칠천량 해전에서 간신히 탈출했다가 왜군에게 붙잡힌 김완의 증언에도 포작간이 등장한다. 칠천량에서 탈출하는 과정에서 배를 잃고 무인도에 도착한 그는 생존자들과 뗏목을 만들어서 육지로 탈출한다. 마산포에 도착한 김완은 왜군들의 길잡이 노릇을 하던 보자기, 즉 포작간들을 만난다. 김완은 그들을 보고 도망쳤다가 붙잡혀서 왜군의 포로가 되어서 대마도를 거쳐 일본까지 끌려갔다가 탈출하는 데 성공한다. 이 기록을 보면 포작간들 중 일부가 조선을 버리고 일본군에 가담했다는 것을 알 수 있다.

생선간은 어떤 일을 했을까?

포자간이 수탈과 공납 사이에 존재했던 도망자나 유랑민 같은 존재였다면 생선간은 명확하게 국가가 지정한 어부들이었다. 글자 그대로 왕실에 필요한 생선을 잡아다가 바치는 존재라고 할 수 있다. 『조선왕조실록』에 나오는 생선간에 대한 첫 번째 기록은 한양과 근방의 백성들에게 부역을 부과하는 일에 대한 논의에서 등장한다. 생선간들을 정확하게 파악해서 부역을 시키자는 의견이 나오는데, 이는 생선간이 조선 초기에 이미 존재했으며 부역 여부를 논의할 정도로 공적인 존재였다는 사실을 귀띔해준다.

생선간의 의무는 물고기를 잡아서 왕실에 직접 상납하는 것이다. 여기저기 떠돌면서 지방의 공납을 대신해주는 포작간과 같은 어부였지만 처지나 의무는 다른 셈이다. 만약 왕실에 필요한 생선들을 시장에서 충분히 공급받을 수 있었다면 생선간은 필요 없었을지도 모른다. 하지만 조기나 청어나 명태 같은 극히 일부를 제외하고는 원하는 만큼의 생선을 손에 넣을 수 없었기에 물고기 상납을 아예 세금으로 지정해버린 것이다. 남쪽 해안을 떠돌던 포작간과 달리 생선간들이 한강 일대에서 활동했던 배경이다.

『조선왕조실록』을 보면 세종대왕 때 궁궐 안의 음식을 책임지는 사옹방(司饔房)에서 생선간에 관한 건의를 해서 승낙을 받는다.

한강으로부터 통진에 이르는 강가의 백성과 공노비와 사노비 1백 호를 생선간으로 정하는 게 어떻겠습니까? 잡역을 부과하지 말고 셋으로 나눠서 번갈아가면서 생선을 잡아 바쳐 궁궐에 공급하게 하고, 사재감(司宰監)으로 하여금 감독하게 하소서.

사재감은 궁궐의 어류와 육류, 소금과 땔나무 등을 공급하는 관청이다. 이 기록은 생선간이 궁궐에 속한 관청의 감독을 받았음을 보여준다. 아울러 수요가 많아지면서 더 많은 생선간을 지정했다는 사실도 알 수 있다. 연산군 때에는 범위를 넓혀서 한강과 두모포, 삼전도에 살던 사람들을 모두 생선간으로 지정하고 왕실의 재정을 책임지는 내수사(內需司)에 귀속시켰다. 아울러 어선과 대선을 각각 두 척씩 제공해서 매일 신선한 생선을 바치도록 했다. 연회와 잔치를 즐기던 연산군 재위 기간에 생선이 유독 많이 쓰였기 때문에 취해진 조치일 것이다.

여기서 눈길을 끄는 것은 '대선'이라는 배다. 일반적인 명칭인 어선이 아니라 굳이 대선이라고 부른 까닭은 무엇일까? 『경국대전』에 의하면 대선은 42척이 넘었다. 영조척으로 계산하면 12미터가 넘는다. 이렇게 큰 배가 필요했다는 것은 잡아서 바쳐야 할 생선이 많았을 뿐 아니라 때에 따라서는 한강 밖으로 나가서 조업을 했을 수도 있었음을 뜻한다.

포작간만큼은 아니지만 생선간들 역시 힘든 삶을 살아야만 했다. 『조선왕조실록』에는 배에 탔다가 물에 빠져 죽은 김포 출신의 생선간 7명에 관한 이야기가 나온다. 하는 일도 어려웠지만 더 큰 문제는 이들의 신분이었다. 노비는 물론 백성들 중에서도 생선간이 되면 신량역천에 해당되었다. 신분은 백성이시만 천한 일에 종사한다고 해서 신분이 하락한 것이다.

조선시대의 직업은 신분에 따라서 할 수 있는 일을 구분했다. 따라서 당시 사람들에게 직업이란 단순히 먹고살기 위한 생계수단 이상을 의미했다. 더구나 당사자뿐 아니라 자식까지 대를 이어서 종사해야 했으므로 힘들고 어려운 일은 천한 일이라 하여 사회적인 신분 또한 점점 하락하게 된다. 포작간이나 생선간이 천한 직업으로 인식된 이유도 이런 배경과 무관하지 않다. 물론 조정에서는 공식적으로 신분을 보장하는 여러 가지 대책을 내놨지만 한번 뿌리내린 인식은 쉽게 변하지 않았다. 생선간과 포작간에 대한 이같은 인식은 조선시대 내내 어부들을 유령처럼 쫓아다녔다.

조기 잡는 사람들

그들은 왜 바다로 나갔을까?

사람들의 차가운 시선과 거리감의 근원에는 바다에 대한 막연한
두려움이 존재했다. 어쨌든 땅을 디디고 하는 일과 달리 바다를
무대로 삼은 뱃일은 위험천만했기 때문이다. 언제 돌변할지 모르
는 바다는 옛 사람들에게는 두려움의 대상이자 기피의 대상이었
다. 실제로 서해안이나 남해안의 큰 섬에 가보면 우리가 상상하는
어촌이 아니라 전형적인 농촌 풍경이 보인다. 비록 섬에 들어와서
살지만 땅과 물이 충분할 경우에는 농사를 짓기 때문이다.

사람들이 바다를 두려워했던 이유 중 하나는 왜구였다. 고려는
매년 쳐들어오는 왜구 때문에 천도(遷都)를 추진했을 만큼 위기에
빠졌고, 조선 역시 대마도를 정벌한 다음에야 겨우 왜구를 막을
수 있었다. 조선의 대중은 건국 초기 중앙집권을 강화할 목적으로
공도정책을 실시했다. 해안가의 마을들을 없애 내륙으로 옮기고,

섬에 사는 백성들도 육지로 옮겼는데 이 정책 덕분에 섬들은 오랫동안 무인도로 방치되었다. 그러나 임진왜란 이후 인구가 늘어나면서 차츰 섬으로 들어오는 사람들이 생겨났다.

섬에 들어온 사람들도 뱃일을 기피하기는 마찬가지였다. 너무 위험하고 천대 받는 직업인 데다가 뱃일을 하는 사람들은 거칠고 무례하다는 인식 때문이었다. 실제로 바다에서 그물을 내리고 물고기를 잡는 일은 기계를 사용하여 해결하는 요즘에도 힘든 일임에 틀림없다. 하물며 모든 것을 사람의 힘으로 해결해야 했던 조선시대에는 더더욱 괴로운 일이었다. 그런데도 조기잡이가 대규모로 이뤄지고 수많은 어부들이 그 일에 종사하게 된 것은 오로지 돈 때문이었다. 농사일과는 비교가 안 될 정도로 힘들고 위험했지만 사흘만 일하면 1년 치 양식을 벌 수 있다는 '사흘 칠산'이라는 말에서 알 수 있듯 운만 좋으면 큰돈을 만질 수 있었기 때문이다. 그래서 어부들은 다른 고기잡이보다 먼 바다로 나가고 오랫동안 배 위에서 지내는 조기잡이 배에 올랐다.

: 자, 떠나자 조기 잡으러

조기잡이 배는 규모에 따라 탑승 인원이 달라졌다. 궁선과 중선의 경우 20명이 넘었으니 조선시대 배치고는 꽤 컸던 셈이다. 선원들에겐 각자 맡은 일이 있었고, 선장이라고 할 수 있는 사공이 전체적인 책임을 맡았다. 사공은 배의 주인이 맡는 경우도 있고, 경험 많은 선원을 고용해서 맡기기도 했다. 이런 경우 배 주인은 자신의 친척이나 형제를 감시자 역할로 태웠다.

선원들은 배에서 함께 일한다는 의미로 이들을 '뱃동사'라고도 불렀다. 경험 많은 뱃동사는 '영자'라고 불렸는데 이 사람의 말은 사공도 귀를 기울였다. 역시 바다는 경험이 우선이었기 때문이다.

선주나 사공은 뱃동사들을 고용할 때 일종의 선불금을 지불했다. 뱃동사들은 이 돈을 가지고 조기를 잡는 어장 근처 섬에 임시로 만들어진 시장인 파시에 내려서 술을 마셨다. 선원들 중에 식사를 책임진 사람을 '화장(火匠)'이라고 불렀는데 불을 다루기 때문에 이런 이름이 붙여진 것 같다. 화장은 평상시에는 일을 도와주다가 끼니때가 되면 식사를 만들었다. 좁은 배 안이었기 때문에 부엌이라고 부를 만한 공간도 없었고 불을 때기도 어려웠으므로 일은 몹시 고되었다. 조기잡이 배들은 한 번 출항하면 입항하지 않고 오랫동안 해상에 머물렀다. 짧은 시간 동안 집중적으로 조기를 잡아야 했기 때문이다. 따라서 선원들은 육지나 섬에 내릴 날만을 손꼽아 기다렸다.

어군 탐지기가 없던 시절에는 오랜 경험과 끈질긴 노력이 조기잡이의 필요소선이었다. 서해는 물이 탁한 편이라 안을 들여다볼 수 없었는데 조기는 깊은 물속에서 움직이는 어종이다. 이 같은

조기의 산란에 적합한 칠산 바다, 연평도, 대화도

불리함을 극복하기 위해 양쪽이 뚫린 대나무통인 대통을 사용했다. 이것의 한쪽 끝을 물속에 박고 조기들의 울음소리를 들었는데, 먼저 대통으로 조기가 있다는 것을 확인한 다음 언제 그물을 내릴지 신중하게 결정했다. 오직 손으로만 그물을 내려야 했기에 잘못 판단하여 헛고생하는 일을 막기 위해서다.

실제로 칠산 바다나 연평도에 조기들이 몰려오면 밤중에 잠을 못 잘 정도로 울음소리가 들려온다. 조기들은 서로 의사소통을 하거나 산란을 위한 짝짓기를 하면서 울기 때문이다. 칠산 바다나 연평도, 그리고 북쪽의 대화도처럼 파시가 형성된 지역은 모두 조기의 산란에 적합하다는 공통점을 가지고 있었다.

: 바다 생활이 끝난 후

물때에 맞춰 그물을 내리는 일, 조기들이 잔뜩 잡히고 물을 먹어서 무거워진 그물을 걷어 올리는 일은 선원들의 체력을 갉아먹었다. 파도에 요동치는 배 위에서 하는 육체노동은 여러모로 힘들었다. 더구나 한 번 나가면 열흘 이상 배 위에서만 생활해야 했기에 제대로 먹거나 씻을 수도 없었다. 선원들이 뭍으로 올라오자마자 지친 몸을 이끌고 술집에 가서 곯아떨어질 때까지 마시는 것도 당연한 이치였다.

고된 일을 한 선원들이 기다린 또 하나는 파시가 끝나고 받는 임금이었다. 선주는 조기를 팔아서 번 돈을 나눴다. 지역이나 조업 방식에 따라 달라지긴 했지만 전체 금액 중에서 배 위에서 먹고 지낸 비용을 빼고 정산하는 것은 비슷했다. 여기서 수익의 절반 이상을 선주가 가져가고 나머지는 뱃동사들에게 차등하게 분배되었는데 이때 선불금을 제한 금액이 주어졌다. 술집에서 술을 마시느라 가불한 돈도 제외되었을 것이다. 그래도 제법 큰돈을 만질 수 있었기에 뱃동사들은 "두 번 다시는 이런 힘든 일을 하지 않겠다"고 큰소리를 치고 떠났다가도 또 다시 배에 올랐다. 조기들이 인간에게 잡혀갈 줄 알면서도 칠산 바다와 연평도를 거치는 것처럼 이들 역시 운명에 이끌려 배를 띄웠다. 이들은 과연 어떤 방식으로 조기를 잡아들였을까?

어살은 전설과 함께

조기잡이에는 어살, 낚시, 그물 등 다양한 도구와 방법이 동원되었다. '어살'은 대나무나 싸리나무, 갈대를 이용해서 물고기를 잡는 도구다. 강이나 바닷가에 설치하는데, 우리나라의 경우 조수간만의 차가 심한 서해안이나 강 하구에서 주로 사용되었다. 바다에서 육지 방향으로 두 팔을 벌린 것 같은 방사형이나 활처럼 굽은 형태가 있다. 대개 조금 굵은 나무를 중간 중간 기둥처럼 세워놓고 대나무나 싸리나무 같이 가벼우면서도 물이 빠져나가기 쉬운 것들을 엮는데, 물은 빠져나가지만 물고기는 못 빠져나가도록 만든 것이다. 같은 원리를 이용해 만든 것으로 돌로 쌓은 '독살'이 있다.

 어살은 밀물을 따라 들어온 물고기들을 포획 대상으로 삼는다. 여기 걸려든 물고기들은 대개 가운데 혹은 가장자리에 만들어놓은 임통(袵桶)에 모여들게 된다. 어살을 이용하는 것은 가장 간단하면서 손쉬운 방식이기에 조선시대는 물론 그 이전부터 사용된 것으로 추정된다. 유명한 주몽설화에도 어살에 대한 내용이 나온다.

고구려의 건국설화인 주몽설화는 전형적인 영웅설화인 동시에 당시의 생활상을 엿볼 수 있는 귀중한 역사 자료다. 영웅의 탄생과 새로운 국가의 건국을 이야기하는 장엄함 속에서 우리는 뜻밖의 사실들을 엿볼 수 있다. 주몽의 어머니인 유화가 해모수와 정을 통한 일로 아버지인 하백에게 쫓겨난 직후의 일이다.

유화는 두 명의 시녀와 함께 태백산 남쪽의 우발수로 쫓겨난다. 그곳은 부여의 금와왕이 통치하는 곳이었다. 배고픔을 이기지 못한 유화는 어살에 걸려 있던 물고기를 훔쳐 먹는다. 물고기가 자꾸만 없어지자 어살을 담당하는 고기잡이는 이 사실을 금와왕에게 고한다. 이에 금와왕은 그물을 물속에 던져 범인을 잡고자 했으나 그물마저 자꾸만 끊어진다. 결국 쇠로 만든 그물을 써서 유화를 물 밖으로 끌어냈고 그다음은 알려진 바와 같다. 둘이 함께 왕궁으로 갔다가 알을 낳았고, 그 알에서 주몽이 태어난다. 이 이야기에서 중요한 것은 그 시대에 이미 어살과 그물을 사용했다는 점이다.

어살에 관한 또 다른 전설에는 조선의 유명한 장수가 등장한다. 바로 임경업(1594~1646) 장군인데, 연평도에 가면 그를 모시는 충민사라는 사당을 볼 수 있다. 만주에서 세력을 떨친 청은 조선을 두 차례 침입했다. 두 번째 침략이었던 병자호란에서 조선은 인조가 홍타이지 앞에 무릎을 꿇는 치욕을 겪어야만 했다. 임경업 장군은 소현세자와 봉림대군을 구출하려면 명과 힘을 합쳐야 한다고 생각하고는 바다를 건너기로 했다. 당시 육로는 모두 청에 의해 막힌 상태였기 때문이다.

한강에서 출발한 임경업 장군의 배는 연평도 부근을 지날 무렵 식량과 식수가 떨어지는 사태를 맞게 된다. 반강제로 중국행에 동원당한 선원들이 가고 싶지 않아서 식량과 식수를 몰래 버렸기 때문이다. 하는 수없이 연평도에 배를 대고 식수와 식량을 구하려고 했지만 워낙 척박해서 먹을 것이 없었다. 임경업 장군은 바다 한복판에서 물을 길으라고 지시했고 신기하게도 마실 물을 얻을 수 있었다. 우여곡절 끝에 연평도에 도착한 임경업 장군은 부하들에게 섬에서 자라는 가시나무를 꺾어 물이 빠진 갯벌에 나란히 꽂으라고 했다. 얼마 후 놀라운 일이 벌어졌다. 물이 들어왔다가 빠져나간 자리에, 정확히는 가시나무에 생선들이 잔뜩 걸렸기 때문이다. 식량을 확보한 임경업 장군이 떠난 후 섬사람들은 그 방식을 이용해서 물고기를 잡았다. 이때 가장 많이 잡힌 것이 바로 조기다.

진화하는 어살

감동적인 이야기지만 앞서 설명한 대로 주몽설화에도 나오고 『조선왕조실록』 초기에 언급될 정도로 오래되었다는 점을 감안하면 그냥 전설일 가능성이 높다. 굴비 에피소드에 등장하는 이자겸도 그렇고 임경업 장군 이야기도 그렇다. 뭔가 유명한 사람과 엮어서 이야기를 그럴듯하게 만들겠다는 의도가 보인다. 임경업 장군이 만들었든 아니든 어살은 조수간만의 차가 크고 갯벌이 넓은 서해안에 제격인 어로 도구였다. 일단 설치만 해놓으면 큰 힘을 들이지 않고도 계속 조기를 잡을 수 있으니 말이다.

어살은 보통 물이 들어오는 방향과 반대로, 그리고 주둥이를 벌린 형태로 만들었는데 중앙에 빠져나가지 못한 물고기들을 가두는 공간을 두었다. 어살 안에 들어온 조기들이 빠져나가지 못한 채 제일 안쪽까지 들어갔다가 물이 완전히 빠지면 꼼짝없이 갇히는 것이다.

설명만 들으면 매우 간단하고 원시적인 것처럼 보이지만 사실 어살은 어떻게 만드느냐에 따라 굉장히 복잡하고 정교한 어로 도구가 될 수 있다. 조선 후기 실학자 서유구가 쓴 『임원경제지(林園經濟志)』에는 '호남지방의 어살 중에서 큰 것은 무려 900미터에 달하는 것도 있다'는 내용이 나온다. 뿐만 아니라 '작은 어살도 400미터가 넘는다'고 밝힌 것을 보면 시간이 갈수록 어살이 대형화되었음을 알 수 있다.

다음 그림에서 볼 수 있는 것이 바로 어살이다. 어살의 생김새가 마치 미로처럼 보인다. 이로써 물길을 막는 단순한 형태의 어살도

단원 김홍도가 그린 〈고기잡이〉. 어살에서 잡은 조기들을
배로 옮기는 모습을 담았다(국립중앙박물관 소장).

있었지만 크고 복잡한 모양의 어살도 존재했음을 알 수 있다. 어
쩌면 이 공간이 어살에 걸린 물고기를 가두는 임통일 수도 있다.
어살 안에서 어부 두 명이 광주리와 망태기로 안에 든 조기들을
퍼서 밖에 있는 동료 어부에게 건네고 있다. 조기가 가득 든 삼태
기를 건네받은 어부 뒤에는 또 다른 어부가 배 중간에 앉아서 곰
방대로 담배를 피우고 있다. 삿대를 잡은 또 다른 어부는 배가 어
살에 부딪치지 않도록 주의 깊게 바라보고 있다. 배 한복판에는
커다란 항아리 두 개가 있다. 아마 소금이 들어 있을 텐데 이는

잡은 조기를 바로 넣어서 절이려는 목적인 것 같다. 그 배와 바짝 붙은 또 다른 배 안에도 항아리가 두 개 놓여 있다. 흥미로운 것은 배에 크고 작은 솥이 하나씩 걸린 아궁이가 있다는 점이다. 아마 조기를 소금에 절여서 운반하는 것 외에 식사를 만드는 데 쓸 요량이었을 것이다. 때마침 짚으로 지붕을 엮은 배를 몰고 지나가는 뱃사공이 이 모든 과정을 눈여겨보고 있다.

『조선왕조실록』에는 목 좋은 곳에 설치된 어살에서 잡은 물고기의 가치가 무명 500필에 달한다고 나온다. 따라서 나라에서는 어살의 길이에 따라 세금을 부과하기도 했다. 하지만 단점도 있었다. 어살을 이용한 조기잡이는 안에 갇힌 물고기를 상하게 하는 경우가 많았고, 어획량을 예측하기도 힘들었다는 점이다. 한국의 전통 어로 방식인 어살이 북아메리카 인디언들의 연어잡이에도 사용된 것을 보면 인간의 지혜는 동서고금을 가리지 않는 모양이다. 어살은 어촌 지역에서 광범위하게 전승되고 있는 생활 관습이자 문화로서 국가무형문화재 제138-1호로 지정되었다. 어살에 대한 가치를 공유하고 전승할 수 있도록 연구와 관심이 필요하다. 역사는 경복궁이나 종묘에만 있는 것이 아니기 때문이다.

: 섬사람들을 어부로 만들다

충남 대천항에서 약 25킬로미터 거리에 있는 녹도는 아주 작은 섬이다. 모양이 사슴을 닮았다고 해서 이름에 사슴 '녹(鹿)' 자가 들어간다. 몇 개의 마을로 나눠진 이곳은 다른 섬들과 마찬가지로 임진왜란 이후부터 사람들이 옮겨와 살았다. 이 섬은 1970년대까지만 해도 100가구 이상이 사는 비교적 큰 마을이었다.

일반 사람들의 예상과 달리 섬 주민들의 주요 생계 수단은 농업인 경우가 많다. 동력선이나 어군 탐지기가 없던 시절의 바다는 사람이 감당하기 어려운 자연 그대로의 장소였다. 먹고살기 위해 섬으로 들어갔다고 해도 가급적 바다에 나가지 않고 농사를 짓는 사람들이 더 많았던 이유다. 그러나 바다가 농사보다 더 큰 이익을 안겨준다는 것을 알게 되면서 섬 주민들은 위험을 무릅쓰고 바다로 나갔다. 녹도의 주민들은 그렇게 어부가 되었다.

녹도 주변에는 3대 조기 파시라고 일컬어지는 법성포와 연평도, 흑산도보다는 작지만 조기들이 산란하는 장소들이 여럿 있었다. 따라서 이들을 잡기 위해 인근 지역의 어선들이 몰려들었고, 섬사람들도 조기잡이로 생계를 유지했다. 특이하게도 녹도 주민들은 배를 타고 나가 조기를 잡는 대신 '주벅' 혹은 '주벅망'이라 부르는 고정식 그물을 이용해서 조기를 잡았다. 주벅은 앞에서 본 어살과 형태는 비슷하지만 그물을 사용한다는 것이 가장 큰 차이점이었다. 서해안은 조수간만의 차가 심하고 조류도 자주 변했기에 특정한 장소에 그물을 설치해서 지나가는 물고기들을 손쉽게 잡을 수 있었다. 강한 조류에 휩쓸린 조기들은 한번 그물에 걸리면 빠져나가지 못했기 때문이다. 게다가 조기들은 집단으로 이동하는 특성을 가졌으므로 주벅을 사용하기에 안성맞춤이었다. 충청도와 전라도 해안지역에서 주벅을 많이 사용하게 된 배경이다.

： 녹도 주민들은 왜 주벅을 즐겨 썼을까?

주벅은 물살이 빠르게 흐르는 구간에 말뚝을 세워놓고 거기에 그물을 고정시키는 어로 도구다. 어살과 비슷하지만 대나무나 나무를 꽂는 어살보다 조류에 잘 버틸 수 있고, 일단 설치하면 몇 달 동안 조기를 잡을 수 있다는 장점이 있었다. 무엇보다 매력적인 점은 큰 그물을 매달아두면 한 번에 많은 조기를 잡을 수 있다는 것이었다. 녹도의 주벅은 이제 모두 사라졌지만 1980년대 중반까지만 해도 유용한 어로 도구였다. 논밭이나 집처럼 사고 팔 수 있는 중요한 재산이 되기도 했다.

녹도의 조기잡이는 흑산도와 비슷하거나 조금 빠른 3월 즈음에 시작된다. 녹도 주민들은 겨우내 그물을 엮고 밧줄로 쓰기 위한 짚을 꼬는 것으로 주벅을 만드는 작업을 시작한다. 이때 필요한 돈은 육지의 객주에게 빌렸는데, 객주는 녹도 어부들이 주벅으로 잡은 조기를 대신 팔아주는 역할도 맡았다.

주벅은 겨울과 봄에 준비해서 조기들이 몰려오기 직전 설치했다. 두 개의 튼튼한 통나무를 물속에 깊이 박아 기둥처럼 세운 다음 그 사이에 그물을 묶어서 고정시켰다. 조류와 수심에 따라서 기둥의 간격과 그물의 크기가 달라졌는데, 통나무를 세 개 세우고 그물을 두 개 거는 주벅도 있었다. 이때 빠른 조류에 견딜 수 있도록 기둥에 돌을 끼운 밧줄을 연결해서 물속에 고정시켰다. 일종의 닻 역할인 셈이다. 또한 그물 끝에도 추를 달았다. 이렇게 하면 조류에 휩쓸리지 않고 잘 펴져서 조기를 더 많이 잡을 수 있었다.

주벅이 특히 녹도에서 성행했던 이유는 녹도 주변에 크고 작은 섬이 많았기 때문이다. 섬과 섬 사이, 그리고 섬 주변의 물이 빠르게 도는 곳에 주벅이 설치되었는데 수십 개가 훌쩍 넘었다. 복잡한 지형에 조수간만의 차가 큰 서해안의 특성까지 겹치면서 주벅으로 조기를 잡는 데 최적의 장소가 된 것이다.

: 조기, 녹도의 진풍경을 연출하다

같은 물건을 판다고 해도 장사가 더 잘 되는 명당이 있게 마련이다. 주벅의 경우도 마찬가지다. 일단 주벅에 조기가 많이 걸리려면 물살이 상당히 빠른 곳을 택해야 했는데, 녹도 주민들은 조기가 잘 잡히는 곳을 골판, 그렇지 못한 곳을 변전이라고 불렀다. 해수면의 조류와 바다 속의 조류 역시 주벅을 설치하는 장소를 택할 때 고려해야 할 주요 사항이었다. 녹도 사람들은 수면의 조류를 겉물, 바다 속의 조류를 속물이라고 불렀다. 주벅은 골판 중에서도 겉물과 속물이 같은 속도로 흐르는 장소에 설치해야 했다. 겉물은 빠른데 속물이 느린 경우에는 조기를 많이 잡을 수 없었다.

명당의 자릿세는 고금을 막론하고 파는 사람 마음에 달렸나 보다. 주벅을 설치할 수 있는 장소에도 모두 주인이 있어서 사고파는 것이 가능했는데, 당연히 골판에 있는 곳이 변전에 있는 곳보다 비쌌고 겉물과 속물이 똑같이 빨리 흐르는 곳이 인기가 많았다.

주벅을 설치한 후에는 '주벅배'라 불리는 작은 배를 타고 가서 그물에 걸린 고기를 건져냈다. 시기를 놓치면 물고기 때문에 그물이 터질 수 있었으므로 자주 나가서 확인하고 꺼내야 했다. 물속에 있는 그물을 들어올려서 고기를 꺼내는 것은 매우 고된 일이었다. 주벅 주인이나 가족의 힘만으로는 해내기 어려운 중노동이었다. 따라서 논에 모내기를 할 때 마을 사람들이 돌아가면서 돕는 것처럼 주벅의 그물을 올릴 때에도 섬사람들은 힘을 합쳤다.

섬사람들은 주벅의 그물을 걷어 올릴 수 있을 만큼 물살이 약해지는 때가 언제인지 잘 알고 있었다. 오랜 경험에서 비롯된 노하우를 지니고 있었던 셈이다. 따라서 물살이 약해질 때 주벅배를 타고 나가서 그물을 걷고 조기를 꺼냈다. 물이 완전히 빠지면 주벅의 그물을 떼어내 섬으로 실어와 손질하기도 했다.

녹도에 조기가 몰려오는 것은 법성포 앞 칠산 바다에 조기가 나타날 즈음인 3월경이었다. 이때가 되면 하루 두 번씩 주벅에 갇힌 조기들을 꺼냈다. 잡힌 조기들은 주벅배에 실려서 섬으로 옮겨진 다음 기다리고 있던 상고선에 실려 갔다. 상고선은 주로 인천에서 많이 왔는데 대개 얼음을 실은 빙어선들이었다. 녹도 주변에 조기잡이 배들이 몰리면서 이 시기엔 자연스럽게 술집들이 생겨났다. 비록 3대 파시와는 비교할 수 없는 규모였지만 작디작은 섬 녹도에서는 분명 보기 드문 풍경이었을 것이다.

주낙

낚시로 조기를 잡았다고?

조기를 잡는 방식 중에는 낚시도 포함되어 있다. 떼로 몰려다니는 조기를 고작 낚시로 잡다니, 매우 비효율적으로 보일 것이다. 그러나 전근대 시기에는 많이 잡는 것과 마찬가지로 보관하고 운반하는 것 역시 중요했다. 게다가 그물을 만드는 것은 굉장히 복잡하고 어려운 일이었을 뿐만 아니라 그물을 치려면 배도 커야 했고 뱃사람도 많이 필요했기에 쉽게 도전하기 어려웠다. 하지만 낚시는 다르다. 별도로 그물을 만들거나 물속에 내리고 올리는 등 고단한 과정을 거칠 필요가 없었다. 비용과 시간, 그리고 노동력을 절약할 수 있다는 점이야말로 낚시의 가장 큰 매력이었다.

조기를 잡을 때 쓰는 낚시를 '주낙'이라 한다. '연승(延繩)'이라고도 부르는데 이것은 우리에게 익숙한 한 줄짜리 낚시가 아니라 몸줄이라고 부르는 긴 줄에 여러 개의 아릿줄을 매다는 방식이다.

57

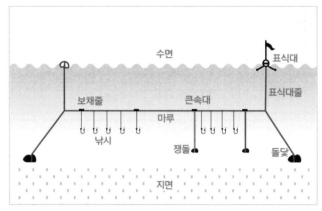

조기잡이에 사용한 낚시, 주낙

아랫줄의 끝에는 미끼를 매단 낚시 바늘이 걸려 있다. 부표를 이용해서 몸줄을 바다 위에 띄우면 아랫줄이 물속에 드리워지는 방식이다. 주낙은 물속 깊이 내려가는 땅주낙과 얕은 곳까지만 내려가는 뜬주낙으로 구분된다.

주낙이나 낚시로 조기잡이를 하는 곳은 칠산 바다나 연평도 같이 대규모 조기잡이가 이뤄지는 곳이 아니라 곰소만이나 굴업도처럼 한발 벗어난 곳에서 성행했다. 조선 후기 실학자인 정약전이 쓴 『자산어보(玆山魚譜)』를 보면 "흑산 앞바다에서는 6~7월 밤에 낚기 시작하는데 낮에는 물이 맑아 낚시를 물지 않기 때문"이라

---

* 조선시대 영조-순조 당시 학자인 정약전이 1801년(순조 원년) 천주교 박해사건인 신유박해 때 전라도 흑산도에 유배되어 1814년(순조 14년)까지 생활하면서 이 지역의 해상 생물에 대해서 분석하여 편찬한 해양생물학 서적이다.

는 기록이 남아 있다. 전남 신안군의 선도에서도 1990년대까지 조기의 일종인 부세를 낚았다. 부세의 산란장이 선도 근처에 있었기 때문에 조기 파시가 모두 사라진 뒤에도 명맥을 유지할 수 있었다. 이때 주낙을 이용했는데, 산란을 위해 바닥에 내려간 부세들을 잡기 위해 땅주낙이라 불릴 정도로 물속 깊이 드리웠다.

주낙 하나에 대략 60개 정도의 낚시를 매달았는데 어부들은 산란하러 도착한 부세들의 울음소리가 나면 주낙을 드리웠다고 한다. 대개 네 명 정도가 타는 작은 배로 움직였는데 두 명은 노를 저었고, 나머지 두 명은 주낙을 드리웠다. 이렇게 낚은 부세는 소금에 절여서 말렸다가 추석 즈음에 육지로 가져가 팔았다. 부세를 잡아서 번 돈은 배 주인이 절반을 가졌고, 네 명의 어부들이 나머지 절반을 공평하게 나눠가졌다.

주낙을 이용한 예들

전북 군산의 선유도에서도 조기를 낚시로 잡았다. 봄부터 여름까지 여러 종류의 조기를 잡을 수 있었는데 다른 곳에서 주낙을 사용한 것과 달리 여기서는 줄낚시로 잡았다.

조기를 낚는 어부들은 배를 빌려서 나갔다. 이때 선장과 노를 저은 사공에게 배를 빌린 값으로 잡은 조기를 줬다고 한다. 이렇

게 잡은 조기는 소금에 절여서 굴비로 만들었다가 대목이라고 할
수 있는 추석 무렵에 육지로 가지고 나가서 팔았다. 선유도의 조
기 낚시는 1980년대 후반까지 유지되었다.

전북 부안의 곰소항에서도 주낙을 이용한 조기잡이가 이뤄졌다.
이곳은 주로 꽁댕이배를 이용했는데, 조기가 희귀해지면서 오히려
그물을 이용한 방식이 비효율적으로 판명되었다. 연구자들의 현지
조사에 따르면 1950년대부터는 주낙을 이용한 조기잡이가 이 지역
의 대세가 되었다고 한다.

주낙으로 하는 조기잡이는 새벽부터 시작되었다. 주낙을 쓰는
배는 서너 명이 탈 정도로 작은 배였는데 보통 새벽에 불을 켜고
출발했다. 어부들은 어장으로 가는 동안 주낙에 미끼를 꿰었는데
보통 한 번 나갈 때 열 개 정도의 주낙을 챙겼다. 아침 무렵에 어
장에 도착하면 주낙을 내려서 조기와 부세를 잡았고, 이렇게 잡은
것들은 곰소로 직접 찾아온 상인들에게 넘겼다. 하지만 곰소의 조
기 낚시는 1970년대 접어들어 부세마저도 잡히지 않게 되면서 막
을 내린다.

주벅으로 조기를 잡던 녹도에서도 곧잘 주낙을 이용했다. 섬사
람들이 주낙을 쓰는 시기는 주벅에 조기가 더 이상 걸리지 않는
5월부터 여름 동안이다. 녹도에서는 미꾸라지를 미끼로 쓰는 주낙
과 줄낚시를 모두 사용했는데, 주낙에는 보통 100개 정도의 아릿줄
을 매달았다. 녹도의 주낙배에도 보통 네 명 정도의 어부가 탔다.

역시 배에 소금을 싣고 가서 잡은 조기들을 그 자리에서 절였다.

주낙을 사용한 몇몇 사례들을 보면 흥미로운 공통점이 보인다. 일단 조기 파시가 사라진 이후에도 오랫동안 명맥을 유지했다는 점, 그리고 조기잡이 철이 지난 후에도 사용했다는 점이다. 비록 그물을 사용한 조기잡이에 비해 큰 수확을 올리지는 못했지만 어부들의 삶을 오랫동안 윤택하게 해주었다. 주낙을 이용한 방식이 긴 세월 살아남은 것은 대량으로 잡아서 씨를 말리는 게 아니라 필요한 만큼, 자연과 타협하여 잡아들였기 때문이 아니었을까?

전통적인 그물 낚시

중선망과 대량 포획

어살과 주벅은 섬 주변에 고정적으로 설치한다는 공통점을 지녔다. 여기엔 반영구적이며 손쉽게 생선을 구할 수 있다는 장점이 있었지만, 어획량을 예측할 수 없다는 단점도 분명히 있었다. 만일 어획 대상이 비인기 품목이었다면 어살과 주벅으로도 충분했을 테지만 조기는 임금부터 백성까지 모두가 즐기는 식자재였다. 따라서 많이 잡을수록 돈을 더 벌 수 있었다. 조기잡이에 보다 능동적이고 적극적인 어로 방식이 도입된 배경이다.

우리나라가 그물을 사용한 역사는 꽤 길다. 송나라 사신인 서긍이 고려에 와서 보고 들은 것을 기록한 『고려도경(高麗圖經)』에 언급되었을 정도다. 고려 인종 때 영광군으로 유배를 온 이자겸이 맛본 굴비도 아마 그물로 잡은 조기를 가공한 것일 터다. 하지만 어떤 형태의 그물을 어떻게 이용해서 물고기를 잡았는지에 대한 기록은 보이지 않는다. 다만 성긴 천으로 그물을 만들었다는 기록을 근거로 삼베를 이용한 게 아닐까 추측할 따름이다.

배를 타고 바다에 나가 그물로 어로 작업을 하려면 두 가지 전제조건을 갖추어야 했다. 일단 그물을 내리고 올릴 정도로 배가 크고 단단해야 했고, 한꺼번에 잡은 물고기를 문제없이 팔 수 있을 만큼 수요가 많아야 했다. 좋은 그물을 써서 물고기를 많이 잡아들인다고 해도 팔리지 않는다면 헛고생이기 때문이다. 조기와 명태, 그리고 청어는 적어도 팔리지 않을 걱정은 없었기에 어로 기술이 그물을 이용한 대량 포획방식으로 진화해나갔다.

조선의 어부들이 조기를 잡을 때 썼던 대표적인 그물은 '중선망'과 '정선망'이다. 두 그물 모두 사용하는 배들의 이름에서 따온 것이다. 중선망은 앞서 설명한 주벅과 깊은 연관이 있다. 주벅이 해안가에 고정시켜놓은 그물이라면, 중선망은 배의 양쪽에 하나씩 매달아놓은 자루 형태의 그물이다. 서유구가 쓴 『임원경제지』에는 중선망에 대한 자세한 설명이 등장한다.

어조망이라고도 부르는 이 그물은 삼베줄로 만들었는데 조류가 강하게 흐르는 곳으로 나아가서 닻을 내린 채 기다리다가 조기떼를 발견하면 배 양쪽의 그물을 내려서 잡는다. 자루 모양의 그물에는 입구 위아래로 횡목이라고 부르는 소나무가 붙어 있는데 이것은 그물을 결속시키는 역할을 했다. 횡목은 물론 그물도 큰 편이라서 올리고 내릴 때 녹로라고 부르는 도르래를 사용했다고 전해진다. 많은 양의 조기를 잡으려면 필연적으로 큰 그물을 써야 했고, 그러기 위해서는 그물을 고정시키는 횡목 역시 크고 튼튼해야 했다.

조기들이 오가는 길목에 도착하면 어부들은 먼저 닻줄을 내리고 중선망을 펼쳤다. 이때 아래 횡목에도 닻을 매달았다. 그렇게 하면 무게 때문에 횡목이 물속에 잠기면서 그물이 입을 활짝 벌리게 된다. 날개를 펴듯 배 양쪽에 달린 중선망을 펼쳤다가 그물 안에 조기가 충분히 들어오면 아래쪽 횡목에 매달아놓은 줄을 녹로로 당겨서 그물 입구를 닫아버렸다. 그러고 나서 어부들은 그물을 물 밖으로 끌어냈다.

어부들이 줄을 당기면 그물이 물 밖으로 세워지는데 이때 주의해야 할 것은 균형이었다. 양쪽의 그물을 동시에 끌어올리지 못해 자칫 균형이 무너지면 배가 그대로 뒤집혔기 때문이다. 물을 먹은 그물도 무거웠지만 그 안에 들어온 조기들의 무게까지 생각하면 위험천만한 일이 아닐 수 없다. 따라서 중선의 뱃전 양쪽에 무거운 돌을 준비했다가 기울어질 것 같으면 바깥으로 매달아서 균형을 잡곤 했다.

돛대에 붙인 중선망의 입구를 열면 안에 있던 조기들이 모두 배 안으로 떨어지게 된다. 서유구는 그물을 열어서 조기를 꺼내는데 마치 주머니에 있는 물건을 꺼내는 것처럼 한 마리도 흘리지 않는다며 감탄했다. 이렇게 양쪽을 싹 비운 뒤 다시 그물을 던져 넣고

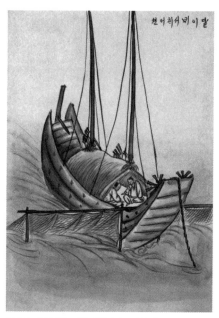

조선 후기 화가인 기산 김준근의 그림이다.
배 양쪽에 펼친 중선망으로 조기를 잡는 어부들의 모습이다.

조기를 잡았다.

　중선망을 사용하는 배는 양쪽 그물에 가득한 조기의 무게를 고려할 때 크고 무거워질 수밖에 없었다. 아울러 조류에 배가 흔들리면 펼쳐진 그물 안으로 조기가 들어가지 않기 때문에 필연적으로 중선망을 실은 배는 거대해야 했다. 당연히 어부들도 많이 탔다.

　중선망은 그물을 배에 싣고 움직이는 이동식이라는 점을 제외하면 주벅과 상당히 비슷하다. 주벅의 사촌 혹은 형제 격으로 봐도 무방하다. 이 방식은 최근까지 새우잡이 어선에 사용될 정도로 전통이 깊다. 고정되어 있는 주벅이 아니라 배에서 올리고 내려야 하는 방식이라 엄청난 노동력이 소모되었기에 중선망을 다루는 배에는 보통 20~30명의 선원이 올랐다. 이 같은 어려움들이 있었지만 중선망은 조기를 가장 많이 잡을 수 있는 그물이었다.

┊ 정선망, 빼앗긴 바다와 함께 사라지다

중선망과 함께 조기잡이에 많이 이용된 것이 '정선망'이다. 정선망은 물속 바닥에 일렬로 쭉 펼쳐놓은 형태로 치는 그물로 역시 무거운 닻으로 고정시켰다. 사람 손으로 내리고 올려야 했기에 수심이 깊은 곳에서는 사용이 불가능했지만 칠산 바다와 연평도 부근을 비롯한 조선시대 조기 어장들은 대부분 수심이 얕은 곳이어서 정선망을 사용할 수 있었다. 18세기 후반의 문헌기록을 보면 행망이라 나오는데, 행배그물 혹은 물속에 고정시키기 위해 닻을 썼다 하여 '닻배그물'이라고도 불렀고, 이 방식으로 어로 작업을 하는 배를 닻배라고 불렀다.

닻배그물은 무리지어 다니는 조기를 잡는 용도였기에 길이가 40~50미터에 이르렀다. 닻배에는 보통 10~20명 정도의 선원이 탑승해서 조업을 했으며, 나라에서는 세금을 거둘 때 그물의 길이로 과세 정도를 측정했다. 이 그물은 주로 전라도와 충청도에서 사용되었고, 특히 칠산 바다와 연평도의 조기 어장에서 많이 사용되었다. 진도 근처에 있는 조도와 부근의 작은 섬에 다양한 닻배노래가 전승되어온 것을 보면 특히 이 지역에서 많이 사용한 것으로 보인다.

닻배그물은 언제부터 사용되었을까? 그물 자체는 오래전부터 사용된 것이 확실하지만 닻배그물은 비교적 늦은 시기에 나온 것 같다. 닻을 이용해서 물속에 그물을 길게 드리워 고정시키는 것은 난이도가 높은 일이기 때문이다. 아울러 물속의 조류를 견딜 정도로 견고한 그물과 그런 그물을 올리고 내릴 수 있을 만한 큰 배가 필요했다는 점도 이 같은 추측에 무게를 더한다. 이런 방식의 그물은 어떻게 고안되었을까?

연구자들은 인류가 낚시와 어살 같은 도구로 처음 어류를 잡기 시작했다고 추측한다. 그 뒤를 이은 것이 바로 두 개의 막대기 사이에 그물을 끼운 작은 '채그물'인데 이것이 등장하면서 본격적으로 그물이 어업에 사용된 것으로 본다. 녹도에서 많이 사용하는 주벅이나 어살을 그물 치는 방식으로 바꾼 것이 바로 닻배그물이다. 주벅이나 어살 모두 조류가 강한 곳에 만들어놓고 밀물 때 들

* '조도 닻배노래'는 전남 진도군 조도면 일원의 어민들이 조기잡이를 하며 부르던 노래로서, 조기잡이와 관련된 서해안의 대표적 민요이다. 2006년 12월 27일 전라남도 무형문화재 제40호로 지정되었다. 아래 QR코드를 스캔하면 진도민속문화예술단이 부르는 '조도닻배노래'를 감상할 수 있다.

어온 조기들을 가두는 방식을 사용하는데, 잘만 하면 많은 조기를 힘 안 들이고 잡을 수 있다. 다만 한 번 설치하면 이동할 수 없다는 단점이 있다. 닻배그물은 주벅이나 어살을 이동하면서 설치할 수 있도록 고안한 고난이도의 기술이기 때문에 시기적으로 등장이 늦다.

조도 주민들이 유독 닻배그물을 사용하게 된 데엔 조류가 심하기로 소문난 서남해라는 환경이 큰 몫을 한다. 조도에서는 겨울이 시작될 무렵에 닻배그물을 직접 만드는 것으로 다음 해의 조기잡이를 준비했다. 가장 먼저 필요한 자재는 질기고 튼튼한 칡넝쿨이었다. 하지만 조도에서는 구하기 어려워서 법성포 등지로 나가서 구해왔다. 주민들은 구해온 칡넝쿨을 겨우내 잘 보관했다가 바닷물에 넣었고, 바닷물을 먹은 칡넝쿨이 탄탄해지면 건져내서 길게 쪼갠 다음 며칠 동안 말린 후 새끼줄처럼 꼬았다. 칡넝쿨의 강도를 높이기 위한 작업이었다. 이렇게 새끼줄처럼 꼰 칡넝쿨은 닻배그물에서 가장 중요한 윗줄에 사용되었다.

칡넝쿨로 밧줄을 만드는 작업이 끝나면 곧바로 그물로 쓸 면사를 만들었다. 조선시대에는 조도 여인들이 직접 물레를 돌려서 만들었지만 나중에는 법성포에서 구입했다. 옷감으로 쓰기엔 질긴 면사였지만 그물로 사용하기에는 약했기 때문에 들깨기름을 발라서 강도를 높였다. 들기름을 먹인 면사는 햇빛에 잘 말렸다가 그물로 엮었다. 그물 작업이 마무리되면 닻배그물 자리를 표시해주는

'톱'을 만들었다. 톱은 일종의 부표로 푹 삶은 참나무 껍질로 만들었는데, 무게가 가벼워서 그물 위에 달아두기에 안성맞춤이었다. 마지막으로 그물을 물속에 고정시키는 닻을 만들었다.

이렇게 각각의 재료들이 완성되면 닻배그물을 만드는 작업에 들어갔다. 그물의 윗줄은 칡넝쿨을 썼고 아랫줄은 새끼줄을 썼는데, 윗줄과 아랫줄 사이에 기름을 먹여 튼튼하게 된 면사를 엮으면 비로소 그물이 완성되었다. 그리고 윗줄에는 톱을 매달고 아랫줄에는 무게 중심을 잡아주는 추 역할을 하는 '굽독'을 매달았다. 완성된 그물은 대략 길이가 40~50미터, 높이가 10~15미터에 달했다. 작업은 주로 마을에 있는 공터나 해안가에서 이뤄졌으며 이 모든 작업에는 조기잡이 하러 나갈 사람들이 동참했다. 겨울에 시작된 닻배그물 제작은 다음해 봄에서야 겨우 끝났고, 완성된 그물은 잘 보관했다가 조기잡이 배로 옮겼다.

대개 15명 선에서 꾸려지는 닻배의 탑승 인원들은 모두 마을 사람들이었지만 숫자가 부족할 경우엔 품삯을 주고 외지인들을 고용했다. 조기를 잡으러 출발하는 날이면 풍어와 무사귀환을 기원하는 제사를 올렸다.

조도와 인근 섬들의 닻배들은 자연스럽게 선단을 구성해서 바다로 나아갔다. 닻배들은 주로 칠산 바다에서 조업을 했으며 먼 바다로는 나가지 못했다. 물속에 그물을 드리워야 하는 닻베그물의 특성상 수심이 깊으면 조업이 어려웠기 때문이다. 조기잡이는 대략 4월에서 6월까지 이뤄졌다. 닻배들은 주로 칠산 바다에서 조업을 했는데, 잡은 조기들은 상고선에 팔거나 직접 법성포로 가지고 들어가서 객주들에게 팔아넘겼다. 이렇게 얻은 수익은 선원들이 나눠가졌는데 맡은 일과 능력에 따라서 분배되었다. 조업을 마치면 섬사람들은 모두 고향으로 돌아갔다. 몸은 지쳤지만 한 해 동안 먹고살 벌이를 끝냈기에 그 어떤 때보다 가슴이 부풀었을 것이다.

그러나 닻배에 담긴 조도 사람들의 꿈은 19세기 후반, 일본인들이 조선 바다에 나타나면서 깨져버렸다. 포화상태에 빠진 자신들의 어장을 벗어난 일본 어선들이 속속 조선의 바다에 나타나 안강망이라는 그물과 일본 정부라는 권력을 등에 업고 조선의 바다를 야금야금 먹어치웠다. 그러는 동안 칠산 바다에는 일본 어선들이 늘어났고, 이들에 의해 배를 잃고 파산한 조선의 어부들은 그들 수하에서 일해야 하는 슬픈 운명에 처하게 된다. 조도 어부들의 사랑을 받았던 닻배그물은 이렇듯 빼앗긴 바다와 함께 사라져갔다.

또 다른 그물, 망선망과 궁선망

: 역동적인 망선망 조업

'망선망'은 동해안에서는 고등어와 전어 등을 잡는 데 사용했고 서해안에서는 민어와 더불어 조기를 잡는 데 이용했다. 다른 그물 들과 달리 조금 더 역동적이었다. 중선망이 조류를 이용해 조기들 을 그물 안으로 끌어들이는 방식을 택했다면 '정산망'과 '유자망' 은 조기들이 지나갈 만한 길목에 그물을 길게 펼쳐서 걸려들게 했 다. 그런데 망선망은 두 척의 배가 그물을 빙 둘러서 조기를 잡는 방식을 취했다. 후릿그물이라고도 불리는 이 방식은 조기뿐만이 아니라 강이나 연못에서 물고기를 잡을 때에도 쓰였다.

망선망은 주로 삼베로 만든 그물을 사용했는데 그물을 내렸다 가 끌어올리는 데 20명이 넘는 선원이 필요했다. 무거운 닻을 써서 물속 깊이 그물을 내렸던 중선망이나 정선망과 달리 망선망은 긴 그물을 빙 둘러서 조기를 잡았기에 그나마 그물을 끌어올리기 수

71

월한 편이었다. 하지만 여전히 사람 손이 필요했다.

망선망을 쓰려면 종선과 망선이라는 두 척의 어선이 필요했다. 종선에 그물의 한쪽 끝을 고정해놓고 망선이 조류의 방향을 따라 한 바퀴 돌면서 그물을 쳐서 조기를 가두는 방식으로 조업했기 때문이다. 이때 물고기가 빠져나가는 걸 막기 위해 막대기 같은 것을 이용해서 조기를 그물 가운데로 몰아넣었고, 조기가 그물에 걸려들면 종선과 망선이 함께 줄을 당겨서 그물을 끌어올렸다. 그물의 길이가 짧은 대신 깊이는 제법 되어서 물속 깊이 내려가 있던 조기도 잡을 수 있었다. 이렇게 잡아들인 조기는 종선과 망선이 나눠 가졌다.

망선은 중선보다 컸다. 조기가 들어 있는 그물을 선원들이 한쪽에 매달려서 끌어올려야 하는 데다가 종선도 실어야 했기 때문이다. 충남 서천면에 있는 도둔리에서는 망선을 이용해서 조기를 잡았는데,* 도둔리와 인근 마을을 통틀어 10여 척이 넘는 망선이 있었다고 한다. 그런데 한 배에 20명이 넘게 탔으므로 마을 사람들만으로 그 수가 모자라는 경우가 생겼고, 그럴 때는 외지인들을 고용해서 배에 태웠다고 한다.

망선망은 조류가 심한 장소에서는 그물을 두를 수 없다는 단점

---

* 일제강점기의 일본인 연구자들은 도둔리의 배를 정선으로 파악했다. 하지만 오창현 박사의 현지 조사에 의하면 정선이 아니라 망선이었다고 한다.

이 있었지만 안강망이나 중선망처럼 닻을 써서 그물을 내릴 필요
가 없다는 장점이 있었다. 즉 직접 조기를 잡는 방식이었기에 언제
든 사용이 가능했다. 자연의 조건에 일을 맡기지 않고 선장인 사
공의 경험과 의지만으로 사용이 가능했던 것이다. 일본인 연구자
들이 망선망을 선진기술이라고 찬사한 이유다. 망선망의 유래에
대해 일본인 연구자들은 중국의 풍망이라는 어로 방식을 그대로
가져왔다고 주장하지만 후릿그물 형태는 이미 조선 전기부터 존재
했다는 주장도 제기되고 있다.

　도둔리 사람들은 1920년대까지 망선으로 조기를 잡았는데, 대
개 3월에 칠산 바다를 시작으로 연평도를 거쳐 대화도까지 가서
조업했다. 이처럼 장기적인 어로가 가능했던 것은 각 지역마다 객
주와 상고선들이 있어서 잡은 조기들을 바로 처리할 수 있었기 때
문이다. 조기를 팔아서 번 돈은 선주가 절반을 가졌고, 나머지 절
반은 선원들이 나눠가졌다.

　도둔리 어부들은 마을 근처에서 따로 삼베를 재배해서 그걸로
망선망을 만들었다. 20명이 넘게 타는 배를 띄워 서해안을 횡단하
면서 조기를 잡는 데 쓰인 망선망은 중선망과 더불어 조선의 어업
이 해안가와 하천을 벗어나지 못했다고 하는 일본인 연구자들의
주장을 정면으로 반박한다. 또한 1860년대 두 차례에 걸쳐서 조선
을 방문한 오페르트가 남긴 기록을 보면 어선의 크기가 20미터가
넘고, 선원도 30~40명에 달했다고 한다. 이를 근거로 유추하면 일

제강점기에 접어들면서 오히려 배의 크기가 줄어들었던 게 아닌가 싶기도 하다.

그러나 서해를 주름잡았던 망선망은 1920년대 접어들면서 차츰 사라진다. 중선망과 안강망에 비해 배에 타야 하는 선원들의 숫자가 많았다는 점, 그리고 다른 배보다 컸기 때문에 이동이 불편했다는 단점이 원인이었던 것으로 보인다. 결국 망선망은 빠르게 우리 곁에서 사라졌고, 해방 이후에는 완전히 자취를 감추게 된다.

⠿ 궁선망

'궁선망'은 '궁망'이라고도 불렸다. 다른 그물들이 물속 깊이 설치되거나 배가 끌고 가야 제 기능을 발휘했던 것과 달리 궁선망은 배의 앞에 그물을 설치하여 조업을 했다. 몇 십 년 전 하천에서 물고기를 잡을 때 쓰던 '반두'라는 어구와 비슷하게 생겼다. 잡는 방법도 반두와 비슷하다. 반두를 세워 천천히 앞으로 끌고 가면서 앞쪽에서 물고기를 몰아 그물 안으로 집어넣는 방식 말이다. 어쨌든 그물이라 손이나 낚시로 잡는 것보다는 성과가 좋았다.

궁선망은 배 앞에 반두처럼 두 개의 지지대 사이에 설치된 그물을 내려서 조기를 잡았다. 어선이 조류를 따라가거나 돛이나 노로 움직이면서 잡아들여야 했기에 필연적으로 파도가 없는 잔잔한 바다나 강의 하구에서만 쓸 수 있었다. 궁선망이 완도를 비롯한 남해안에서 주로 사용되었던 것은 이런 배경 때문이다. 궁선망을 부리는 궁선은 비교적 작은 배였다. 그물을 들어올려야 하는 궁선망의 특성상 큰 배에는 설치가 불가능했기 때문이다.

궁선망은 물 위에 떠다니는 어종을 잡아들이는 데 적합하다. 따라서 물속에서 돌아다니는 조기를 잡는 데엔 걸맞지 않다. 하지만 수심이 얕은 연근해나 섬 근처에서는 충분히 조기를 잡는 데 사용할 수 있었다. 또한 직접 눈으로 사냥감을 확인하면서 그물을 내렸기 때문에 실수를 저지를 확률도 적었다.

궁선망을 이용한 조업 방식은 간단하다. 어선을 몰고 가다가 물고기가 보이면 뱃머리에 있는 궁선을 그대로 내려서 물속에 넣으면 된다. 주로 수심이 얕은 곳에서 활동했기에 밑바닥에 있는 물고기까지 그물로 잡을 수 있었다. 조기와 더불어서 새우와 숭어 등이 주로 잡혔는데, 그물을 내리고 올릴 때 빨리 할 수 있도록 호롱통을 설치하기도 했다. 간단한 작업에 어울리는 도구여서 멀리 가서 조업하는 어부들보다는 섬사람들이 주로 애용했던 그물이다.

⋮ 다정한 이름 꽁댕이배

변산반도 남쪽의 곰소항에 가면 '꽁댕이배'를 볼 수 있다. 그럴듯한 한자 이름을 지닌 뭇 그물이나 어선들에 비하면 매우 정감 넘치는 이름이다. 꽁댕이배는 글자 그대로 배 꽁무니에 그물을 달고 다닌다고 해서 붙여진 이름이다. 만약 배가 중선이나 정선만큼 컸다면 결코 이런 재미있는 명칭으로 불리지 못했을 것이다.

꽁댕이배는 변산반도와 그 앞바다의 섬에서 애용되었는데 주로 2~3명이 타고 다니는 작은 배였다. 배 뒤편으로 그물을 내려서 조기를 잡았는데 이때 궁선처럼 빠르게 작업하기 위해 뒤쪽에 호롱통을 설치한 것으로 보인다.

---

*　1. 두 개의 돛대가 달린 꽁댕이배. 어렴풋하게나마 뒤편에 호롱통 같은 게 보인다.
　2. 비교적 큰 꽁댕이배. 역시 배 뒤편에서 그물을 내리고 올릴 때 사용하는 호롱통을 볼 수 있다.

이름만 들으면 왠지 소소한 어획으로 만족할 것 같지만 꽁댕이 배는 안강망처럼 자루 형태의 그물을 사용했으므로 한 번에 많은 양의 조기를 잡을 수 있었다. 크기는 궁선처럼 작았지만 전해지는 사진을 보면 두 개의 돛대를 사용해서 속도에 신경 썼다는 것도 알 수 있다. 그물을 당기려면 힘이 필요했고, 작은 배였기에 노를 이용하는 것보다는 바람을 쓰는 방법을 택한 것으로 보인다.

변산반도의 꽁댕이배는 어디로 갔을까?

배의 크기에 비해서 큰 그물을 쓸 수 있고, 비슷한 방식의 궁선망보다 훨씬 깊이 그물을 내릴 수 있었기에 조기도 더 많이 잡을 수 있었다. 꽁댕이배는 조기 외에도 새우를 잡을 때 이용되었는데 이는 곰소항과 변산반도 일대가 새우젓의 산지인 것과 깊은 연관이 있다. 조기철에는 조기를 잡았고, 새우가 올라오는 철에는 새우를 잡아 생계를 유지했기 때문이다.

이 배는 변산반도 일대에서 1980년대까지 사용되었다. 안강망에 밀린 다른 그물과 배들이 종적을 감춘 뒤에도 끈질기게 살아남은 것이다. 하지만 일본도 몰아내지 못한 꽁댕이배는 간척사업 때문에 우리 땅에서 종적을 감추고 만다. 얕은 바다가 육지로 변하면서 꽁댕이배가 돌아다닐 만한 곳이 사라져버린 탓이다.

일본에서 건너온 안강망

안강망의 등장

자루 모양의 '안강망'은 19세기 중반 일본 구마모토현의 어부가 개발한 것이다. 일본 어부들은 이 그물을 물속에 고정시켜 새우와 도미를 잡았다. 주로 조류에 휩쓸린 물고기들이 그물 안으로 들어오면 주둥이를 닫아서 잡는 방식으로 쓰였는데, 면적이 넓지는 않았지만 조류가 심한 곳에 설치해서 헤엄치는 물고기나 새우들을 몰아넣고 한꺼번에 잡을 수 있다는 장점이 있었다.

안강망은 특히 떼로 뭉쳐 다니는 조기를 잡는 데 안성맞춤이었다. 조류가 심한 곳에서 사용했기에 무거운 닻이 있어야 한다는 단점이 있었지만, 다른 그물에 비해 쉽게 설치할 수 있고 조업하는 인원을 줄일 수 있다는 장점이 더 컸다. 조류가 심한 서해안 어부들이 안강망을 비교적 큰 저항감 없이 받아들이게 된 배경이다.

물론 도입 초반에는 안강망을 쓰는 데 어려움이 있었다. 일본 지

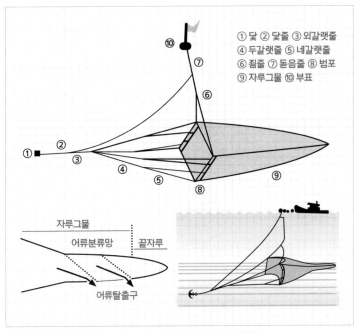

① 닻 ② 닻줄 ③ 외갈랫줄
④ 두갈랫줄 ⑤ 네갈랫줄
⑥ 죔줄 ⑦ 돋음줄 ⑧ 범포
⑨ 자루그물 ⑩ 부표

자루그물
어류분류망 끝자루
어류탈출구

안강망은 파시 종말을 앞당긴 주범이 되었다.

형을 고려하여 개발된 그물인 터라 조선의 바다에 바로 적용하기
엔 애로사항이 있었고, 가장 많이 잡히는 어종인 조기를 일본에
서 선호하지 않았다는 점, 그리고 일본인과 의사소통이 원활하지
않았다는 점 등이다. 하지만 이런 장애물은 곧 사라졌다. 무엇보다
기존의 중선망이나 궁선망에 비해 압도적으로 적은 인원으로 어
업을 할 수 있었고, 조기를 더 많이 잡을 수 있었기 때문이다. 그
러나 조선이 일본에 강제로 병합된 후 소선의 땅이 일본의 땅이
되어버린 것처럼 조선의 바다는 곧 일본의 바다가 되어버렸다.

79

: 안강망의 빛과 그늘

안강망은 우리나라에서 20세기 초반부터 보편적으로 사용되었다. 일본은 자국의 어부들을 조선으로 이주하도록 장려했다. 지금도 남쪽의 해안 지방에 가면 곳곳에 남아 있는 이들의 흔적을 확인할 수 있다. 권력을 등에 업고 안강망이라는 최첨단 기술까지 탑재한 일본 어부들은 조선의 어부들을 압도했다. 당시 조사 결과에 의하면 양쪽의 어획량이 최고 열 배까지 차이가 났다고 한다. 이에 조선의 어부들도 서둘러 안강망을 도입했다. 사실 안강망 조업은 우리 어부들에게도 크게 낯설지 않았다. 섬 주변에 많이 설치했던 주벽망을 배에서 사용하는 방식으로 바꾼 것이기 때문이다. 게다가 안강망 역시도 전통적인 그물인 중선망과 흡사했다. 몇 년 후에는 조선 어부들이 보유한 안강망의 숫자가 일본 어부들보다 많아졌다.

특이했던 것은 조선의 어부들이 안강망은 받아들였지만 일본식 어선은 받아들이지 않았다는 점이다. 전통적인 어선에 안강망을 설치해서 사용했는데, 민족적인 감정과 일본식 어선이 낯설다는 이유가 복합적으로 작용한 것으로 보인다. 일본은 물고기를 대량으로 잡아들이는 것보다 비싼 어종을 잡는 데 주력했다. 따라서 안강망의 크기가 작아도 상관없었던 반면 조기나 명태 같이 특정 어종을 대량으로 잡아들이는 조선 어부들에게는 커다란 그물이 필요했다. 게다가 폭이 좁은 일본식 어선으로 조류가 심한 서해에서 조업하려면 불편한 점이 더 많았다.

안강망의 도입에 힘입어 어획량이 기하급수적으로 늘어나면서 사람들은 풍요로워졌지만 조기들에게는 재앙 그 자체였다. 처음에는 작은 크기였던 안강망은 곧 중선망에 필적할 정도로 거대해졌다. 더 많은 조기를 잡겠다는 욕망이 크기를 키운 것이다. 일본에서 새우와 도미를 잡을 요량으로 만들었던 작은 안강망이 조선으로 건너와서 조기를 잡는 용도로 바뀌면서 더 커졌고, 조선 어부들은 일본의 안강망을 우리만의 것으로 빠르게 정착시켰다.

1920년대와 1930년대를 거치면서 조선의 어부들은 대부분 안강망으로 조기를 잡게 되었다. 도입 초기 애로사항도 있었고, 어부들의 거부감도 있었지만 결국 바다에서는 안강망이 대세가 되었다. 더 적은 인원으로 더 많은 조기를 잡을 수 있다는 편리함과 엔진을 갖춘 동력선의 등장 덕분이다. 사람의 힘이나 바람으로 움직이는 것이 아니라 엔진으로 움직이는 동력선은 거센 조류 속에서도 마음먹은 대로 움직일 수 있었고, 그만큼 인원을 줄일 수 있었다.

안강망은 해방 이후에도 계속 사용되었다. 엔진을 갖춘 배들이 늘어나고, 가볍고 탄력이 좋은 나일론 그물이 등장하면서 안강망의 크기는 날이 갈수록 대형화했다. 1960년대 연평도나 법성포 파시가 호황을 누린 것도 안강망 덕분이다. 하지만 어린 조기들까지 싹쓸이를 해버리는 바람에 역설적으로 안강망은 파시의 종말을 앞당긴 주범이 되었다.

해방 이후의 신기술, 기선저인망과 유자망

기선저인망

어쩐지 그 이름도 무시무시해 보이는 '기선저인망'은 바다 속으로 내린 그물을 어선이 끌고 가면서 잡는 데 쓰인다. 이 기선저인망 방식을 쓰기 위해서는 엔진을 갖춘 동력선은 물론 물속을 들여다 볼 수 있는 어군 탐지기와 가볍고 튼튼한 나일론 그물이 필수다.

기선저인망은 배 한 척이 그물을 끄는 외끌이 저인망과 두 척의 배가 나란히 그물을 끌면서 가는 쌍끌이 저인망 방식이 있다. 그 물을 바닥까지 내릴 수 있기에 물속 깊이 헤엄치는 조기나 갈치 등을 잡기 편하다. 물속에 자루 형태의 그물을 내려서 조기를 잡 는 방식은 안강망과 유사하다. 그러나 이 둘 사이엔 결정적인 차이 점이 있다.

조류 속에 그물을 내리고 닻으로 고정시키는 방식의 안강망은 조기가 지나가는 길목을 잘 선택해야 한다. 하지만 기선저인망은 그럴 필요가 없다. 일단 그물을 내리고 어군 탐지기를 이용해서 조기를 따라가기만 하면 된다. 따라서 안강망을 비롯한 다른 그물은 엄두를 내지 못하는 깊은 수심에서도 사용할 수 있고, 넓게 펼치는 방식이 아니어서 좁은 어장에서도 충분히 조업할 수 있었다. 마지막으로 조류 속에 떠서 움직일 수밖에 없는 안강망과 달리 기선저인망은 바닥을 끌면서 조기를 잡을 수 있다는 점이 결정적인 차이점이다. 이 방식 덕분에 1960년대와 1970년대에 걸쳐 조기잡이는 절정을 맞이했다. 하지만 동시에 어족 자원의 씨가 말라버렸다.

⠇ 유자망

기선저인망과 함께 해방 이후 조기잡이에 많이 쓰인 것은 '투망'이라고도 불린 '유자망'이다. 투망은 던지는 그물이라는 뜻인데, 조기를 잡던 서해에서는 투망과 유자망이 같은 의미로 쓰였다.

유자망은 정선망과 비슷한 형태의 그물이다. 바닥에 그물을 길게 펼쳐놓고 닻으로 고정시킨 것이 정선망이라면 유자망은 부표를 이용해서 수면 근처로 띄우는 방식을 택했다. 투망이라는 별명이 붙은 것도 어선 위에서 마치 던지듯 그물을 물속에 떨어뜨렸기 때문인 듯하다. 또 다른 차이점은 고정식이 아니라는 점이나. 물론 유자망도 그물이 수직으로 설 수 있도록 무게 중심을 잡아줄 닻을

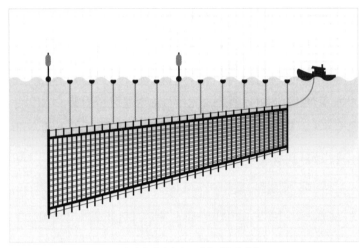

고정 장치 없이 수면 근처에 띄운 유자망

쓰지만 조류에 따라 흘러갈 수 있도록 두었기에 특별한 고정 장치는 필요 없었다. 즉 조류에 따라 흘러가는 유자망의 그물코에 조기가 걸려들게 하는 방식을 쓴 것이다. 유자망에는 무거운 고정 장치가 필요없고 올릴 때 많은 힘이 필요하지도 않았기에 대개 소수의 선원들이 작은 배에 이를 싣고 조업에 나섰다. 주로 전라도 남쪽에 있는 작은 섬의 주민들이 사용했다.

중선망이나 정선망이 안강망의 도입 이후 빠르게 사라진 것과 달리 유자망은 계속 사용되었다. 심지어 조기가 사라진 이후에도 민어 등을 잡는 데 쓰이면서 그 명맥을 유지했다.

바다의 한일전

: 조선 바다의 침략자

19세기 후반부터 조선의 바다에 낯설고 불길한 존재들이 나타났다. 바로 일본의 어부들이었다. 당시 일본은 이미 자국의 어획 자원들이 바닥을 드러내던 시점이었기에 조선의 바다는 그들에게 새로운 개척지이자 기회로 다가왔다. 메이지유신 이후 남획으로 연근해 어류 자원이 줄어들자 일본 정부가 앞장서 보조금까지 지급하면서 어부들을 새로운 바다로 인도한 것이다. 물론 여기엔 단순히 바다의 포화상태 해결이라는 목적 외에 조선 지배라는 복잡하고 어두운 속내도 포함되었다.

일본의 어부들이 낯설고 먼 조선 바다로 건너온 이유는 자신들의 바다가 위태로워졌기 때문이다. 단순히 자원 부족이라는 문제 외에 정치적인 배경도 한몫했다. 1868년 권력의 중심이 도쿠가와 막부에서 천황으로 옮겨지는 메이지유신이 일어난다. 그러면서 근대적인 어업법이 제정되자 기존의 전통적인 어업권은 하루아침에 휴지조각이 되어버렸다. 일본 어부들의 입장에서는 위기와 기회가 동시에 찾아온 셈이다. 이런 상황에서 한 바다를 두고 경쟁이 격화되었고, 이 상황을 견디지 못한 어부들이 조선의 바다를 노리게 된 것이다.

일본 어부들은 정부를 등에 업고 차츰차츰 조선의 바다를 차지해나갔다. 힘이 없는 조선의 어부들은 하소연할 곳을 찾지 못한 채 나름의 방식으로 저항했지만 결국 바다의 주인이 바뀌는 것까지 막지는 못했다. 당시 일본인들이 조선의 바다로 가지고 들어온 것이 바로 오늘날까지 쓰이는 안강망인데, 일본 어부들은 바다 건너 조선의 해안에 정착촌을 마련하고 새로운 바다에 그물을 던졌다. 일본 어부들의 등장은 조선의 어부들에게도, 그리고 안강망의 공격을 받은 조기에게도 불행한 일이었다.

⋮ 조선 바다, 일본 바다

조선과 일본의 바다엔 다른 점이 있었다. 바다의 소유주가 있느냐 없느냐 하는 점이었다. 조선의 경우 어살이나 주벅처럼 고정된 장소에 설치한 어구에 대해서는 주인이 있고 또 소유권도 인정했다. 하지만 바다에 대해서는 소유권이라는 개념이 없었다. 그래서 어느 지역의 배라고 해도 나라에 세금을 납부하기만 하면 별다른 어려움 없이 조기잡이를 할 수 있었다. 섬 앞의 바다라고 해도 다르지 않았다. 섬사람들은 그 바다를 자신의 소유라고 주장하지 않았다. 파시가 형성된 것도 이런 상황이었기에 가능했다. 만일 섬사람들이 소유권을 주장하면서 타 지역 어선들의 조업을 막거나 방해했다면 수백, 수천 척의 어선들이 몰려오지 못했을 테니 말이다.

우리 바다에 주인이 생긴 것은 1970년대 들어와 양식이 본격화되면서다. 영화로도 제작되었던 김중태 작가의 소설 『해적』은 주인이 생긴 바다를 배경으로 한다. 따라서 바다에 소유주가 있다는 개념은 우리에게 아주 낯선 것이었고, 하물며 조선시대에는 절대 상상도 하지 못했던 일이었다. 하지만 일본의 경우엔 달랐다.

원래는 일본에도 바다의 주인은 없었다. 하지만 18세기 초반, 도쿠가와 막부에서 어촌의 공동어장인 지선어장을 허가하면서 상황이 달라지기 시작한다. 막부에서는 세금을 부과하기 쉽도록 마을 단위로 어장을 관리하게 했는데, 바다를 해당 지역 주민들에게 묶어두는 이런 방식은 어업을 전문으로 하는 어부들에게 매우 치명적이었다. 당연히 어부들은 강력히 반발했다. 지시를 그대로 따를 경우 다른 지역에서의 어로 행위가 막혀버리기 때문이다. 게다가 지선어장은 지역마다 형성 시기가 조금씩 달랐으므로 어부들은 지선어장이 형성되지 않은 해역까지 나가서 조업해야만 했다. 그러다가 아예 해당 지역으로 이주하는 일이 벌어지기도 했다. 일본 어부들 역시 조기를 잡으러 멀리 떠났던 조선의 어부들처럼 도미와 정어리를 잡기 위해 몇 달 동안 다른 지역에 머물렀다.

이런 원정어업은 지선어장이 점차 확대되면서 막을 내린다. 그리고 전문 어부 집단이 소멸되는 대신 마을에 기반을 두고 농업과 어업을 병행하는 어부들이 늘어난다. 물론 이들도 근처의 다른 어장에서 어로 행위를 했지만 조선의 조기 파시에 비하면 그 규모가 작았고, 어획량도 제한될 수밖에 없었다. 거칠게 말하자면 전문가들이 사라지고 아마추어들이 생겨난 셈이다. 하지만 육류가 금지된 일본에서는 생선이 단백질을 보충할 수 있는 유일한 방법이었기에 어로 행위 자체는 계속 유지되었다.

한편, 일본의 연구자들은 조선에서 지선어장이 발달하지 않은 것을 어업이 발달하지 않은 증거로 보았다. 어로 행위가 활발하다면 필연적으로 지선어장이 생겨날 수밖에 없는데 조선에는 그런 것이 없다는 이유를 들면서 말이다.

일본에는 조선이 초기부터 확립한 것처럼 어선이나 생선에 부과하는 세금제도가 존재하지 않았다. 조선은 배의 크기나 그물의 길이, 잡은 생선의 수량 등을 기준으로 차등적으로 세금을 부과했다. 이것은 중앙집권과 더불어 세금에 대한 징수체계가 완비되었다는 것을 의미한다. 마을 단위로 본다면야 앞 바다를 자기 소유로 하는 지선어장이 좋을 테지만 국가의 입장에서는 각 지역마다 어장의 소유권을 주장하는 것이 좋을 리 없다. 그렇게 되면 일본처럼 대규모 어로 행위가 사라지게 될 것이고, 조기처럼 온 백성이 즐겨먹는 생선의 어획량도 급격히 줄어 가격이 폭등할 게 뻔했기 때문이다. 예를 들어보자. 일본의 도미 가격은 늘 비쌌다. 가난한 서민들은 먹을 생각조차 하지 못했다. 반면, 조선의 조기는 내내 싼 가격을 유지했기에 형편이 넉넉하지 않아도 먹을 수 있었다.

일본이 세금 문제에 손을 댄 것은 메이지유신 이후다. 어업조합들이 등장하면서 어로 행위에 대한 면허제도가 도입된 것이다. 한편 지선어장에 대한 소유권이 강력해지면서 다른 해역에서의 조업은 더욱더 어려워졌다. 한 발 빠르게 어업조합을 결성하고 면허를 취득한 일부를 제외한 대다수의 어부들은 바뀐 환경에 적응하지 못했다. 이렇게 위기에 몰린 일본 어민들이 눈길을 돌린 것이 바로 조선의 바다였다.

: 숨어 있던 갈등이 터지다

일본 어부들이 조선의 바다에서 합법적으로 어로 행위를 할 수 있게 된 것은 1883년 조일통상장정(朝日通商章程)이 체결된 이후다.

＊ 조선을 병합한 일본은 끝내 자신들이 선진적이라고 주장한 지선어장 방식을 도입하지 않고 총독부에서 직접 면허를 발급해주는 것으로 대신했다. 조선의 바다를 침략하는 자국 어부들의 이득을 보장해주기 위해서다. 지선어장이 선진적이라는 주장, 조선을 발전시키기 위해서 병합한 것이라는 일본의 주장이 얼마나 허망한 것인지 증명해주는 사례다.

이 장정은 조선과 일본의 어선이 각각 상대국 해안 지방에서 어로 행위를 할 수 있다고 규정했다. 하지만 조선의 어부들에겐 그럴 능력이 없었다. 물론 굳이 그렇게 할 필요도 없었다. 이미 자신들의 일터인 바다만으로 충분했기 때문이다. 그러나 경쟁이 치열해진 일본의 어부들에겐 배를 타고 조선의 바다로 건너오는 편이 유리했다.

조선의 바다는 일본 어부들에게 값비싼 고기들을 대량 포획할 수 있는 기회의 장소였다. 일본 어부들은 다양한 어종과 해산물을 신나게 채취해갔다. 당시는 아직 일본이 조선을 완전히 집어삼키기 전이었기에 초기의 어로 행위에서는 비교적 갈등이 적었다. 양국 간에 선호하는 어종이 달랐기 때문이기도 했다.

처음 조선의 바다로 건너온 일본 어부들은 자국민이 좋아하는 도미˚와 방어, 삼치와 가자미 같은 어류들을 노렸고, 전복과 해삼, 상어 같은 것들도 잡았다. 전복이나 해삼을 제외하고는 조선 사람들이 좋아할 만한 어종이 아니었기 때문에 처음에는 큰 갈등이

˚ 일본 어부들이 조선의 바다로 건너온 것은 도미를 잡기 위해서였다. 조기잡이 그물의 대명사인 안강망도 실은 도미를 잡기 위해 개발된 그물이다. 조선 연안에는 도미가 대량으로 서식했는데 조기만큼은 아니지만 어느 정도 잡혀서 시장에서 판매되었다. 하지만 왕실로 공납되거나 제사상에 올라가는 조기처럼 큰 영광을 누리지는 못했다. 도미는 조선보다 일본에서 훨씬 더 사랑받았다. 왕실 의례와 신궁 제사에 빠질 수 없는 음식이었다. 조선의 지방관이 조정에 공납으로 조기를 바치는 것처럼 일본도 지방 영주들이 막부에 도미를 바쳤고 그 과정에서 도미는 일본에서 가장 인기 있는 생선이 되었다. 결국 일본 어부들의 진출은 값비싼 도미를 잡기 위해서라고 해도 과언이 아니다. 작지만 잊어서는 안 될 제국주의 침략의 한 단면이기도 하다.

없었다. 조선을 정탐한 일본의 스파이 혼마규스케[本間九介]는 직접 쓴 『조선잡기』에 흥미로운 기록을 하나 남겼다.

일본 어부들은 청나라에서 고가에 구매하는 상어지느러미에 눈독을 들였다. 필요한 것은 오직 지느러미뿐이었기에 지느러미만 잘라내고 상어 몸통은 그냥 버렸다. 전라도의 금갑도에 거처를 정하고 상어를 잡던 다케다라는 어부는 지느러미를 자른 상어를 버리지 않고 부산으로 싣고 갔다. 상어를 토막내서 소금에 절인 다음 배에 싣고 부산으로 가져간 것이다. 하지만 한 여름이었기 때문에 상어는 금방 상했고, 고약한 냄새와 함께 구더기가 생겼다. 결국 중간에 뭍에 내려서 조선 사람들에게 팔려고 했다. 그는 내심 상한 상어 고기가 팔릴까 봐 걱정했다. 그런데 뜻밖에도 사방에서 몰려든 조선 사람들이 그가 부르는 대로 값을 치르고 상어 고기를 사가는 게 아닌가? 그는 덕분에 생각지도 못한 이익을 남겼다. 경상도 지역에서는 상어 고기를 돔배기라고 부르면서 좋아했고 제사상에도 올렸기 때문이다. 하지만 일본 어부들은 청나라에 팔기 위해 고작해야 지느러미만 가져갔을 뿐이다.

이 이야기는 조선과 일본의 어부들이 각각 노리는 어종이 달랐음을 보여준다. 조선 사람들이 이름만 들어도 군침을 흘렸던 조기는 일본 사람들이 거들떠보지 않았고, 일본 사람들이 물고기의 왕이라고 부르면서 좋아한 도미는 조선 어부들에게 환영받지 못했다. 삼치의 경우에도 전혀 잡지 않다가 일본 어부들이 잡는 것을 보고 따라 한 어종이다. 또한 일본에서 인기가 좋았던 장어 종류는 조선에 인기가 없었다. 다만 조선에 들어온 일본 사람들에게 판매하기 위해 조금씩 잡아들이는 정도였다. 반면, 조선 사람들이 선호하는 조기와 명태는 일본에서 환영받지 못했다.

목표물이 겹치지 않았기 때문에 존재하지 않던 양국 간의 갈등은 시간이 흐르면서 점차 커졌다. 일본 어부들은 자국의 공권력을 이용해서 조선의 바다를 마음껏 누볐고, 이들 때문에 벌이가 줄어들거나 어로 활동에 방해를 받은 조선의 어부들은 크게 반발했다. 설상가상으로 돈벌이에 눈이 어두워진 일본 어부들이 조선 사람들이 좋아할 만한 어종을 잡아들이면서 문제는 한층 복잡해졌다. 그들이 조기에 눈독을 들였기 때문이다.

⋮ 위기의 조선 어부들

일본 어부들이 본격적으로 조기잡이에 나선 것은 1893년경이다. 마산의 어느 객주가 전라도의 죽도 어장을 알려준 것이 발단이었다. 전라도 군산 앞바다에 있는 죽도 근처는 칠산 바다나 연평도만큼은 아니지만 조기가 제법 잡히는 곳이었다. 그러자 일본과 가까운 부산을 중심으로 마산과 거제도, 제주도 등지에서만 조업하던 일본 어부들이 본격적으로 전라북도 해역까지 진출하게 되었다. 애초에 일본 어부들이 죽도 어장에서 노린 것은 조기가 아니라 도미와 삼치처럼 일본 사람들이 선호하는 어종이었다. 하지만 일본 본토까지 먼 거리를 운반해야 했기 때문에 별도의 운반선을 운용해야 한다는 단점이 있었다. 그래서 이들은 조선 사람들에게 팔 어종에 눈길을 돌렸다. 바로 조기다.

일본 어부들은 도미를 잡으려고 고안했던 안강망으로 조기를 잡았다. 처음에는 실패했지만 곧 조기잡이에 알맞게 안강망이 개량되면서 엄청난 양의 조기를 잡을 수 있게 되었다. 나라를 잃은 어부들은 이제 바다까지 내놓아야 했다. 이렇게 되자 슬금슬금 조선의 바다에 나타났던 일본 어부들이 을사늑약 체결 이후로 마치 자기들 바다인 양 휘젓고 다녔고, 일본 어부들과 갈등이 벌어지면 조선 어부들이 일방적으로 피해를 당하는 일이 반복되었다. 그 와중에 일본 어부에게 유리한 조선 어업법이 시행되면서 어부들의 위기감과 불만은 극에 달했다.

조선 어부들은 일본 어부들의 싹쓸이에 불만을 품고 급기야 행동에 나선다. 1909년 5월 결사대를 조직한 조선 어부들은 일본 어부들을 습격해서 살해했다. '칠산 바다 사건'이라고 불리는 이 일은 1909년 5월 11일자 〈대한매일신보〉에 짤막하게 나온다. 얼마만큼의 인명 피해가 발생했는지, 가담자들이 어떤 처벌을 받았는지 전혀 알 수 없었지만 조기를 빼앗긴 어부들의 분노가 결국 살인으로 이어졌다는 것만은 분명하게 알 수 있다.

이 같은 어부들의 분노는 서해안 일대의 의병활동으로도 이어졌다. 보통 1907년의 남한 대토벌 이후 한반도에서의 의병활동은 종식된 것으로 보고 있지만, 법성포가 있는 호남지역의 경우엔 의병장 기삼연이 주도한 의병연합단체인 호남창의회맹소(湖南倡義會盟所)가 끈질기게 활동한 것으로 나온다. 의병들은 1907년 법성포를 공격해서 세금으로 거둔 곡식을 빼앗아 백성들에게 나눠주고 군량미로 충당했다. 이들은 1909년까지 호남지역에서 일본군에게 저항했는데 특히 영광지역에서 빈번하게 활동했다. 당시 의병활동에 현지 주민들의 도움과 협조가 필수적이었다는 점을 감안하면 법성포와 영광 주민들도 마찬가지였을 것이다. 그리고 이런 움직임의 밑바탕에는 바다를 빼앗고 조기를 가져간 일본 어부들에 대한 법성포와 영광 주민들의 분노와 반발이 담겨 있었다.

이런 저항에도 불구하고 결국 강제 병합을 통해 조선의 바다는 일본의 바다가 되었다. 안강망과 동력선을 앞세운 일본 어부들이 칠산 바다의 조기를 싹쓸이해가는 동안 조선의 어부들은 한숨을 쉬면서 빈 그물을 거둬야만 했다. 조기를 빼앗긴 조선 어부들은 이후 일본 어선에서 일하기도 했다. 훗날 일본인 연구자들이 내놓은 각종 통계에 따르면 조선 어부들과의 협업으로 조기 어획량이 월등히 늘어났음을 알 수 있다. 하지만 조선과 일본으로 나누어 보면 안강망과 동력선을 갖춘 일본 어부들의 어획량만 눈에 띄게 늘어난 것으로 나온다. 나라를 빼앗기면서 조기도 빼앗긴 셈이다. 일제강점기 조기 파시의 풍요로움과 번영이 사실상 우리의 것이 아니었다고 말하는 이유다.

조선의 어업은 과연 후진적이었나?

조선에 건너온 일본인 연구자들은 조선의 조어법이 낙후되어 있으며 원시적이라고 평했다. '배가 너무 크고 무거워서 제대로 움직이지 못하며, 선원들도 많이 써야 했는데 이는 그들이 게을렀기 때문'이라고 기록했다. 이런 편견 속에서 조선의 낙후된 어로방식에 일본이 도입한 신기술이 접목되면서 발전을 이뤘다는 가설이 생겨났다. 하지만 그저 가설일 뿐이다.

중선망과 궁선망을 부리려면 필연적으로 많은 인원이 필요했다. 한꺼번에 많은 조기를 잡아야 했기에 큰 그물을 써야 했고, 이것들을 사용하여 안정적으로 조업하려면 배는 크고 선원도 많아야 했다. 그리고 이것은 조선과 일본의 어로 방식에서 오는 차이점이다.

조선은 생선 외에도 고기를 통해서 단백질을 보충할 수 있었다. 반면 육식이 금지된 일본에서는 오로지 생선을 통해서만 단백질을 섭취할 수 있었다. 따라서 일본은 어로 활동에 집중할 수밖에 없었고, 상대적으로 다양한 어종을 잡는 방식을 개발한 것이다. 조선의 경우는 다르다. 다양한 어종을 잡는 대신 조기와 청어, 명태

95

같이 대량으로 잡히는 소수의 어종들을 잡는 방식을 취했다. 따라서 배와 그물 모두 대형화될 수밖에 없었고, 그 결과 배는 느리게 움직였고 선원들도 많아졌다. 이런 사실을 외면한 채 자신들의 어로 기술을 기준으로 조선의 조어법이 낙후되었다고 말하는 것은 분명 조선이라는 나라에 대한 폄하의 의도라고 볼 수밖에 없다.

이들이 주장한 대로 조선의 조어법이 낙후되고, 일본식 어로 활동이 선진적이었다면 왜 그대로 도입하지 않았을까? 하지만 일본식 어법 중에서 조선에 정착한 것은 안강망밖에 없었다. 그 안강망도 일본보다 더 크게 개량한 후에나 제대로 사용되었고 말이다. 그 뿐인가? 안강망을 조선의 어로 실정에 맞게 개량한 것도 조선 어부들이었다. 게다가 물고기를 대량으로 포획하고 별도의 운반선을 통해 육지로 옮겨 전국에 유통시키는 일련의 과정은 일본에서는 찾아볼 수 없는 선진적인 시스템이었다.

조선의 어부들은 조류의 흐름이나 수심의 깊이에 따라 다양한 그물을 사용했다. 일본인이 자랑하는 안강망조차 나름의 개량 과정을 거쳐 활용했다. 일제강점기 동안 조선의 어부들은 일본의 어법을 일부 받아들였지만 우리에게 맞는 방법을 골라 새롭게 개량했다. 아울러 전통 어선과 그물을 이용한 조업 방식은 끝까지 포기하지 않았다. 일본인이 좋아하던 도미 같은 어종은 일본 어부들이 많이 잡았지만 조선 사람들이 좋아했던 조기의 경우에는 단 한 번도 어획량에서 진 적이 없다. 오히려 시간이 갈수록 격차가 더 벌어졌을 뿐이다. '조선의 어법은 낙후되었고, 조선의 어부들은 게으르고 무지해서 어획량이 적다'는 일본의 주장에 의문을 제기하는 이유다.

제3장

바다의 신들

어부에게는 신이 필요하다

불확실한 바다에서 살아남는 법

사람들이 신을 찾게 된 이유 중 하나로 앞날을 예측할 수 없는 불확실성을 들 수 있다. 특히 불확실성이 심했던 바다를 일터로 삼은 사람들에겐 신의 돌봄이 더더욱 간절했으리라. 바다는 저 광활한 우주 다음으로 인간의 지식을 가볍게 배반하는 미지의 세계이기 때문이다.

바다는 종종 배와 사람들을 집어삼킨다. 육지에서 발생하는 다른 사고와 달리 바다에서 일어난 사고들이 유독 큰 파장을 일으키는 이유도 바로 그것이다. 희생자들이 사라져버리기 때문이다. 앞에 주저앉아서 통곡할 시신도 없고 꽃다발을 가져가 추모할 장소조차 없다는 것은 죽음을 지켜보는 사람들을 절망의 구렁텅이로 몰아넣는다. 더구나 예전에는 위치 추적 장치나 휴대폰도 없었으니 바다로 나간 사람이 언제 어떻게 죽었는지 몰라 가슴을 끓이는 일이 다반사였다.

그래서 사람들은 바다를 두려워했다. 섬에 사는 사람들조차 될 수 있으면 바다에 나가는 걸 꺼려했다. 어쩔 수 없이 바다로 나온 사람들은 자신의 운명을 보호해줄 신을 찾았다. 서해안의 어촌이나 섬에서 풍어제가 일상이 되고 어디에서나 신을 모시게 된 이유도 바다가 주는 파괴적인 불확실성 때문이다. 어부들은 조기를 많이 잡게 해주면서 자신들의 안전도 보장해주는 절대자, 곧 신을 숭배했다. 정확하게 말하면 '만들어'냈다. 포괄적으로 풍어제나 제사라고 말하지만 서해안의 각 지역에서 지냈던 제사들은 당제부터 오방제까지 다양한 명칭으로 불렸을 만큼 개념도 다양했다. 미신이나 민간신앙으로 치부할 수도 있지만 그 안에는 바다 안에서 조기를 통해 자신과 가족들의 삶을 이어가고자 했던 어부들의 꿈과 절박함이 담겨 있는 게 아닐까?

조기의 신 어부의 신

조기잡이에 나선 어부들에게 신이 필요했던 이유는 떼로 몰려다니는 조기의 특성과 관련이 깊다. 조기는 제대로 그물을 내리기만 하면 감당할 수 없을 정도로 많이 잡을 수 있다고 알려져 있다. '사흘만 일하면 일 년 동안 놀고먹을 수 있다'는 뜻의 '사흘 칠산'

이라는 속담이 생긴 이유다. 하지만 뒤집어 생각해보면 곧 무시무시해진다. 조기를 제대로 잡지 못하면 한 해가 망해버릴 수도 있다는 뜻이니까.

지금처럼 어군 탐지기가 없던 시절에는 오직 물속에 대통을 넣고 조기 울음소리를 듣고 나서 그물을 내렸다. 다른 물고기의 경우에는 조업철이 길어서 어느 정도 만회할 수 있었지만 조기잡이는 길어야 두 달이었다. 게다가 조기잡이의 경우엔 한 번에 많이 잡아야 했으므로 그물도 컸고, 배도 컸고, 어부들의 수도 수십 명을 웃돌았다. 그러니 조기잡이가 실패할 경우 어부들은 물론 배의 선주도 큰 타격을 받을 수밖에 없었다. 실제로 수많은 성공담만큼이나 흔한 것이 파산담인데, 대개 조기잡이 배 중에서 가장 크다는 중선을 몇 척이나 가지고 있던 부자가 조기를 못 잡고 몇 년 만에 파산했다는 이야기다. 극단적으로 보면 도박이나 다름없는 셈이다. 이렇듯 조기잡이 어부들이 신을 찾아야 할 이유로는 위험한 바다뿐만 아니라 조기잡이 자체가 자신과 가족의 삶에 끼치는 커다란 폐해도 있었다.

어부들의 수호신 임경업 장군

임경업 장군은 어떤 사람일까?

우리가 가장 잘 아는 바다의 신은 용왕이다. 사전에 의하면 용왕은 '바다에 살며 비와 물을 맡고 불법을 수호하는 용 가운데의 임금'이다. 용왕 외에도 바다에는 수많은 신이 존재했는데 그중 가장 눈에 띄는 존재가 임경업 장군이다. 그는 어떻게 해서 어부들의 신이 되었을까?

연평도의 어살 관련 설화에서 알 수 있듯이 임경업 장군에 관한 이야기는 대략 명청 교체기이자 활동기인 17세기 초중반에 걸쳐서 시작된다. 조선 전기에 세금을 특산물로 납부하는 공납 체계가 서서히 붕괴되고, 시장 경제로 변화할 조짐을 보이고 있을 때였다. 또한 어부들이 한반도에서 가장 활발하게 조기를 잡던 시기이기도 하다.

임진왜란이 한창 진행 중이던 1594년 충주에서 태어난 임경업

서해안 어부들의 신이 된 임경업 장군

장군은 무과에 급제한 후 무관의 길을 걷는다. 주로 북방에서 근무하던 그가 무장으로서 두각을 나타낸 것은 이괄의 난 때였다. 정충신 휘하에 있던 그는 한양을 점령한 이괄의 배후를 공격해서 패주시키는 공을 세웠다. 만약 이괄이 한양을 점령하는 기간이 길어졌다면 인조 정권은 무너졌을 것이다. 공신에 책봉된 임경업 장군은 이후 무관으로서 승승장구한다. 후금이 세력을 떨치고 일어나 명과 전투를 벌이던 와중이었으니 그 어느 때보다 무관들의 중요성이 높아진 상황이었다.

이후 정묘호란이 벌어지자 낙안 군수로 있던 임경업은 서둘러 전쟁에 참전하시만 그가 선상에 도착하기 전에 이미 조선과 후금은 전쟁을 멈추고 정묘화약을 맺는다. 비록 양측이 화의를 했지만 일시적일 뿐이라는 사실을 양쪽 모두 알고 있었다. 따라서 조선은 나름대로의 대책을 세운다. 임경업 장군은 청북 방어사와 의주 부윤을 역임하면서 최전선을 지킨다. 그리고 운명의 병자호란이 일어난다. 청은 빠른 기병을 앞세워 임경업 장군이 지키고 있던 백마산성을 그대로 통과했다. 너무나 빠른 청군의 기동에 우왕좌왕하던 인조는 강화도로 대피하지 못하고 일단 남한산성으로 들어간다. 그리고 한 달간의 농성 끝에 인조는 청의 황제 홍타이지에게 무릎을 꿇고 항복한다.

이 사건은 당시 사람들에게 너무도 큰 충격을 안겨주었다. '머리에 신발을 쓰고 발에 모자를 신었다'고 할 정도로 말이다. 임경업 장군도 마찬가지였다. 하지만 그는 나름대로의 방식으로 싸움을 계속했다. 전쟁에서 이긴 청은 조선의 군대를 명과의 전투에 동원했는데, 여기 차출된 임경업 장군은 일부러 싸우는 척하면서 정보를 흘리는 방식으로 명을 도왔다. 그 사실이 들통나면서 임경업은 청으로 압송당할 위기에 처하지만, 감옥을 탈출해 숨어 지내다가 배를 타고 명으로 망명한다. 바로 이때 연평도를 거쳐 가면서 어살을 만들어주었다는 전설을 남겼다.

천신만고 끝에 명에 도착한 임경업 장군은 명군에 가담해서 청군과의 전쟁에 나선다. 조선이 포기한 싸움을 계속 이어간 것이다. 하지만 명이 멸망하고 임경업 장군은 다시 청의 포로가 된다. 그리고 일이 커질 것을 염려한 인조의 묵인하에 모진 고문을 당하고

숨을 거둔다.

나라를 지키는 무관에서 도망자, 그리고 역적이 되어서 죽어간 그의 삶은 평범한 사람들의 심금을 울렸다. 임경업 장군을 주인공으로 하는 소설 『임경업전』이 큰 인기를 끌었던 것도 이 같은 맥락에서다. 소설에서는 호왕, 즉 청의 황제가 임경업 장군의 인품과 용맹에 감탄해서 세자와 함께 풀어준다. 하지만 간신 김자점의 흉계에 빠져 억울하게 죽는다. 길거리에서 이야기책을 읽어주던 전기수(傳奇叟)들도 임경업전을 자주 올렸다. 그런데 종로의 한 담배 가게 앞에서 『임경업전』을 듣던 구경꾼 한 명이 임경업 장군의 억울한 죽음에 분개하여 흥분한 나머지 담배 써는 칼로 전기수를 무참하게 난자하는 사건이 벌어졌다. 정조는 이덕무에게 이 사건을 예로 들면서 소설의 유해함을 역설했지만 어쨌든 『임경업전』이 살인을 불러올 만큼 큰 인기를 끌었던 것은 사실이다. 억울한 죽음이 비극적인 영웅으로서 전설로 남겨진 것이다.

⋮ 임경업 장군, 서해안 어부들의 신이 되다

장군은 어떻게 해서 조기를 잡는 서해안 어부들의 신이 될 수 있었을까? 직접적인 이유는 강하고 용맹하면서도 억울하게 죽은 장군을 모시려 했던 무당들의 염원이다. 마을 사람들 역시 용맹한 장군을 신으로 모셔야만 외부의 위협으로부터 마을을 지킬 수 있을 것이라고 믿었다. 젊은 나이에 억울하게 죽었다고 알려진 남이 장군이 무당들에 의해 신으로 모셔진 것과 같은 맥락이다.

실존 인물이 백성들이 섬기는 신이 되려면 반드시 인격적인 면모를 갖춰야만 한다. 임경업 장군은 낙안 군수 시절 선정을 베풀어서 백성들의 존경을 받았다. 청북방어사로 북방을 지킬 때에도 산성을 수축하는 등 백성들을 지키기 위해 노력을 많이 했다. 명이 망해가는 것을 알면서도 끝까지 충성을 다하다 억울하게 죽었다. 이런 사실은 백성들에게 깊은 인상을 남겼다. 청과 싸우겠다고 큰 소리를 쳐놓고 막상 전쟁이 시작되자 백성들을 버리고 도망친 인조와 지배층에 대한 혐오감이 더해지면서 누군가 믿고 의지할 사람이 필요해졌다. 그래서 임경업 장군은 그가 명으로 망명하기 위해 잠시 들렀던 연평도와 황해도를 중심으로 백성들에게 신으로 모셔지기 시작했다.

당시에는 억울하게 죽은 무장이나 왕일수록 큰 힘을 가진다는 세간의 믿음이 있었다. 이것 또한 임경업 장군을 바다의 수호신으로 만드는 데 한몫했다. 특히 그가 망명하기 위해 거쳤던 황해도와 연평도 지역에서 인기가 높았다. 황해도 지역의 여러 섬은 물론 인천과 경기도 해안 지역에도 임경업 장군을 모시는 사당이 세워졌고, 매년 풍어와 안전을 기원하는 제사가 열렸다. 앞서 소개한 '가시나무를 갯벌에 꽂게 하여 조기를 잡았다'는 설화는 사실이라기보다 조기잡이들의 염원과 기대감을 반영한 상상력의 산물일 가능성이 높다.

흥미로운 것은 임경업 장군을 모시는 지역이 황해도에서부터 충청도까지 이어져서 당진과 태안 등지에 임경업 장군의 사당이 세워졌고 풍어제도 열리고 있다는 점이다. 연평도를 비롯한 황해도 지역은 임경업 장군과 직접적인 인연이 있지만 충청도 해안 지역은 그렇지 않은데, 어떻게 된 것일까? 연구자들은 연평도로 조기를 잡으러 왔던 충청도 어부들이, 아니면 반대로 황해도 연안의 어부들이 남쪽으로 내려오면서 전파되었을지도 모르겠다고 말한다. 더 재미있는 것은 충청도에서 임경업 장군을 신으로 모시는 마을이나 섬이 모두 조기잡이와 직접적으로 연관이 있다는 점이다.

제사 방식은 마을마다 조금씩 다르지만 공통점도 있다. 우선 제사를 모시기 전에 마을 회의를 열어 제관을 선출하거나 이름난 무당을 불러들인다. 그리고 제사 때 부정을 피하기 위해 최선을 다한다. 부정한 사람은 제사가 열리는 장소 근처에 얼씬도 하지 못하게 했다. 이렇게 배제된 경우를 제외하고 대부분의 사람이 제사에 참석했다. 처음엔 임경업 장군이 배를 지켜주고 조기를 많이 잡게 해줄 거라는 믿음 때문이었지만, 대를 이어오면서 임경업 장군에 대한 제사는 마을의 의례이자 습관이 되어버렸다.

연평도의 조기잡이 제사

바다와 관련된 제사는 보통 봄이나 겨울에 열렸다. 봄철의 제사엔 조기를 많이 잡게 해달라는 염원이 담겼고, 겨울철의 제사에는 한 해를 잘 마무리해줘서 고맙다는 감사를 담았다. 연평도의 조기잡이 제사는 11월에 열렸다. 먼저 제사 날짜를 잡고, 제사를 주관할 사람들을 결정하면서 본격적인 제사 준비에 들어갔다. 이때 제물로 바칠 소와 돼지들을 구하는 비용은 마을 사람들이 나눠서 냈다. 이런 풍습은 연평도뿐만 아니라 바다의 신에게 제사를 지내는 모든 지역에서 보이는 현상이다.

제사가 시작되면 연평도에 조기잡이 배를 가지고 있는 선주들이 배에 꽂았던 깃발을 가지고 와서 사당 아래에 세워둔다. 그리고 제사가 시작된 지 며칠 후에 깃발을 들고 사당 앞으로 간다. 오색의 기와 임경업 장군의 기가 어우러진 깃발은 화려하게 장식되어 눈에 잘 띄는데, 이때 선주들은 제비뽑기를 통해서 깃발을 들고 올라가는 순서를 정한다. 자기 순서가 되면 선주들이 깃발을 들고 충민사로 갔다가 축원을 하고 돌아 나온다. 제사가 끝나면 선주들은 다시 깃발을 들고 자기 배로 돌아가 꽂아놓는다. 이렇게 하면 임경업 장군의 축복을 받아서 풍어와 안전을 보장받을 수 있다고 믿었다. 그 밖에 조기잡이 철을 맞이해서 각지에서 온 어부들 역시 연평도에 도착하면 충민사에 들러 제물을 바치고 제사를 지냈다. 이런 과정을 통해 자연스럽게 서해안 각지에 임경업 장군을 숭배하는 신앙이 퍼진 것으로 보인다.

조기잡이가 번창했을 때에는 제사가 일주일 내내 열렸지만 해방 이후에는 2~3일로 줄어들었고, 나중에는 2~3년에 한 번씩 열렸다. 그러다가 조기잡이의 명맥이 완전히 끊긴 1980년대에는 아예 사라졌다. 더 이상 조기가 잡히지 않게 되자 연평도의 어부들은 조기 대신 꽃게를 잡는다. 하지만 여전히 임경업 장군을 모시고 있는 걸 보면 신앙의 본고장이라 믿음도 오래가는 것 같다.

충청남도 홍성군 성호리의 풍어제

충남 홍성군 성호리 사람들도 임경업 장군을 수호신으로 모신다. 이곳의 풍어제는 음력 1월 15일인 정월 대보름과 한 해의 마지막 인 섣달그믐에 지낸다. 정월에 지내는 제사는 사당에서 지내는 당제이고, 섣달그믐에 지내는 제사는 오방제였다. 지금은 댐이 세워지면서 포구가 사라졌지만 이곳은 한때 서해안에서도 손꼽히는 큰 포구였다. 한양으로 올라가는 조운선들이 중간에 들르는 곳이었고, 조기잡이도 활발했다. 따라서 수백 가구가 사는 큰 마을이 되있는데 시장이 열릴 징도로 크게 번성했다. 그리면서 성호리는 계방촌(契房村)으로 지정되었다. 계방촌이 되면 해당 마을은 국가에 납부해야 하는 일체의 세금을 내지 않는다. 대신 아전들에게 상납을 해야만 한다. 그래서 아전들은 마을을 통째로 호적에서 빼버렸다. 마을 입장에서도 받아들일 만했던 게 이렇게 되면 군포와 환곡 같은 과도한 세금을 내지 않아도 되었기 때문이다. 물론 이들이 내지 않는 세금은 다른 마을에서 부담해야만 했다. 보통은 부유한 마을을 계방촌으로 지정했으므로 이는 곧 성호리가 다른 지역에 비해 부유했다는 사실을 입증하는 사례이기도 하다.

성호리가 계방촌으로 지정될 정도로 부유하게 된 것은 조기 덕분이다. 『세종실록지리지』에도 이곳에서 조기가 잡힌다는 사실이 나온다. 조선시대는 물론 일제강점기까지 조기는 꾸준히 잡혔다. 아마 고을 아전들에게 상납한 물품 중에서 조기나 굴비가 적지 않은 분량을 차지했을 것이다. 성호리 사람들은 매년 2월부터 5월까지 녹도로 건너가서 주벅으로 조기를 잡았다. 주벅터는 물론 주벅도 사고팔 수 있었는데 성호리 사람들이 녹도의 주벅을 꽤 사들인 것이다. 그 밖에 중선배도 여러 척 있어서 칠산 바다와 연평도까지 진출해서 조기를 잡아들였다.

번성한 포구인 데다가 조기잡이가 활발했기 때문인지 이곳의

◆ 계방촌은 고을의 아전들이 자기 주머니를 채우고 고을 수령에게 손쉽게 상납하기 위해서 특정 마을과 결탁한 결과물이다.

사당은 여러 곳이 있었다. 큰 당이라고도 불리는 상당과 중당, 그리고 하당*이다. 그중 하당이라고 부르는 곳에서 임경업 장군을 모시는 제사가 정월 대보름에 열렸다. 마을에 남아 있는 기록을 보면 임경업 장군을 모시는 풍습이 언제 어떤 방식으로 성호리에 정착되었는지 유추할 수 있다. 현종 20년인 1671년, 마을 사람들은 무너진 하당을 다시 세우면서** 마을의 번성을 기원하는 상량문(上樑文)***을 남겼는데, 여기에 신당지신(神堂之神)이라는 존재가 등장한다. 그렇다면 1671년 이후의 어느 시점에선가 신당지신 대신 임경업 장군을 모시게 되었다는 뜻이다. 이때 고친 하당은 철종 2년인 1851년에 다시 무너져서 보수를 하게 된다. 그런데 그즈음에는 신당지신이 아니라 '신'이라 지칭하는 존재를 모신 것으로 보이며 그 신이 바로 임경업 장군이 아닌가 추정된다.

정월 대보름 아침이 되면 마을 사람들은 우선 큰 당에 가서 제

---

* 큰 당은 마을 근처의 왕자산 기슭에 있었는데 사람들은 이곳을 영험하다고 믿었다. 큰 당은 커다란 바위 밑에 제사를 지낼 수 있는 공간이 있고 주위를 나무가 둘러싼 형태다. 오방신을 모시는 중당은 성호리 마을 뒤편에 있는데, 큰 당이 있는 왕자산과 이어진 언덕에 자리를 잡고 있다. 중당은 세 칸짜리 기와집으로 원래는 이곳도 큰 당처럼 사당이 없었지만 비가 내리면 제사를 지낼 수 없었기에 1908년 제각을 짓게 되었다. 하당은 포구 근처에 자리 잡고 있다. 이곳은 임경업 장군이 모셔져 있는 곳이라 임장군당이나 해신당으로 불린다. 아무래도 조기잡이와 직접적인 연관이 있기 때문에 바닷가에 모셔진 것으로 보인다.

** 새로 지은 게 아니라 무너진 것을 고쳤으므로 원래 건축물은 한참 전에 세워졌을 것이다. 관련 연구자는 조선 전기에 마을이 형성되면서 하당도 함께 만들어졌을 것으로 추정하는데, 따라서 임경업 장군을 하당에 모시기 선 이미 다른 신을 모시고 있었다는 의미다.

*** 새로 짓거나 고친 건물의 상량대에 집의 내력과 공사 내용을 적어놓는 글을 말한다. 건물의 내역을 알 수 있는 중요한 역사적 자료다.

물을 바치고 제사를 지냈다. 그런 다음 하당에 가서 어선에 꽂는 깃발들을 늘어놓고 임경업 장군에게 다시 제사를 지낸다. 이곳의 풍어제는 독특한 풍습이 있다. 제사가 끝나자마자 배의 선주들이 제사를 모신 깃발을 가지고 자기 배로 뛰어간다는 것이다. 가장 먼저 꽂는 쪽이 임경업 장군의 보호를 받는다는 믿음 때문이다. 하당에서 임경업 장군을 모신 다음에는 다시 중당에서 제사를 지내는 것으로 마을의 풍어제는 막을 내린다. 엄숙하게 모셔진 제사가 끝나자마자 선주들이 깃발을 움켜쥐고 달음박질하는 모습을 마을 사람들 모두가 지켜보면서 응원했을 것이다. 조기잡이가 시들해진 1970년대가 되면서 임경업 장군을 모시던 사당들은 방치되었고, 결국 비바람에 무너졌다.

∶ 임경업 장군을 받들었던 지역의 특징들

연평도를 중심으로 황해도와 인천과 경기지역, 그리고 충청도까지 임경업 장군을 모시는 신앙이 퍼진 지역을 살펴보면 흥미로운 구석을 발견할 수 있다.

우선 조기잡이가 많이 이뤄졌던 서해안 지역이라는 점이다. 물론 내륙 지방이나 다른 해안 지역에서도 임경업 장군을 모시는 경우는 있었지만 서해안만큼은 아니다. 아울러, 서해안이라고 해도 농업이나 다른 산업에 종사하는 마을에서는 임경업 장군을 모시지 않았다. 즉 임경업 장군 신앙은 서해안과 조기라는 두 가지가 결합된 것으로 특히 조기잡이 어부들의 신으로 자리 잡았다. 이 점은 어선이 만선을 이루고 돌아오면서 부르는 '만선풍장소리'에서 엿볼 수 있다.

> 연평 임 장군님을 모시고 남지나 바다로 돈 실러 갑시다.
> 암해 수해 맞마춰 놓으니 아드려 바깥에 두둥실 났단다.
> 어여차 디여차 닻 감아 미고 연평바다로 돈 실러 가잔다.
> 연평 바다에 깔린 칠량 양주만 남기고 다 잡아 실었다.

임경업 장군 신앙은 지역마다 조금씩 차이를 보인다. 충남 지역으로 내려가면서는 임경업 장군이 언급되지 않는다. 하지만 조기잡이를 하는 서해안 마을에서 부르는 만선풍장소리에는 예외 없이 임경업 장군이 등장한다. 연평이라는 지역명이 항상 같이 언급되기 때문에 연구자들은 연평도에서 시작된 소리가 그곳에 조기를 잡으러 온 각 지역의 어부들을 통해 전파된 것으로 추정한다.

임경업 장군은 일단 조기잡이에 종사하는 마을의 수호신으로 모셔진다. 그러고 나면 마을마다 일정한 절기나 날을 잡아서 제사를 지낸다. 연평도나 황해도 지역에서 임 장군을 마을의 가장 큰 신으로 모셔지는 것과 달리 다른 지역에는 기존의 사당과는 별도로 임경업 장군을 모시는 사당이나 공간이 존재하기도 한다. 원래 마을에서 믿던 수호신과 뒤늦게 전파된 임경업 장군이 공존하는 형태다. 연평도와 인근 지역에서 임 장군이 마을의 모든 것을 관장하는 위치에 있었다면 다른 지역에서는 조기잡이 어부들을 위한 신으로 군림한 것이다.

임경업 장군이 조기잡이 어부들의 신이 될 수 있었던 이유는 무엇일까? 그가 처음으로 조기 잡는 법을 알려주었다는 믿음 때문이다. 이 믿음은 임경업 장군을 모시면 큰일을 겪지 않고 조기를 많이 잡을 수 있다는 것으로 발전했고, 나중에는 아예 임경업 장군이 조기떼를 몰아서 그물에 넣어준다는 데까지 나아갔다. 그래서 연평도에 있는 임경업 장군의 사당에는 다른 지역에서 온 어부들도 조기를 잡으러 올 때 들린다. 제물을 바치고 제사를 지내면서 조기를 많이 잡을 수 있도록 기원하는 것이다. 이런 과정을 거쳐서 임경업 장군에 관한 신앙은 서해안 곳곳으로 퍼져나갔다. 바로 조기잡이를 통한 문화 전파의 한 모습이다.

그는 어떻게 조기잡이 어부들의 수호신이 되었나?

어부들은 단순히 임경업 장군의 삶과 죽음을 동경해서 수호신으로 모신 게 아니다. 앞서 설명한 어살 관련 설화는 글자 그대로 임경업 장군을 수호신으로 모신 이후에 생겨난 설화일 가능성이 높다. 연평도 사람들이 임경업 장군을 수호신으로 모시게 된 것은 망명 과정에서의 인연 때문이다. 아마 적지 않은 사람들이 배를 타고 떠나는 임경업 장군을 봤거나 이야기를 듣지 않았을까?[*] 나중에 인조에게 친국을 당하던 임경업은 명으로 망명하게 되는 과정을 자세하게 밝혔다. 명과 내통한 혐의로 압송을 당하던 그는 청으로 끌려가면 죽을 것이라는 판단이 들자 그대로 도망쳤다. 산골짜기로 들어가 머리를 깎고 스님으로 변장하여 양구의 조그만 절에 숨어 있다가 영동과 관서 지방을 두루 돌아다녔다. 그러다 명으로 망명을 결심하고 경강(京江)[**]의 마포에서 배 한 척을 빌린 다음 황해도로 떠났는데, 중간에 칼을 빼들고 중원으로 가지 않으면 모조리 죽이겠다고 뱃사람들을 협박해서 바다로 나간 배는 천신만고 끝에 명에 도착한다.

뱃사람들이 몰래 식수와 식량을 버려서 연평도에 들렀을지도 모른다. 그게 아니라고 해도 연평도는 중국으로 가는 배들의 중간 기착지였으므로 의당 그곳에 머물렀을 수 있다. 임경업 장군과 연평도의 연관성은 잠시 머물던 중에 암벽에 글씨를 남겼다는 기록에서도 찾아볼 수 있다. 물론 수백 년 후의 기록이라 사실이라고

[*] 안동 지역에서 공민왕이 신으로 모셔지고, 영월에서 단종이 신격화된 것도 당시거기 머물렀다는 인연이 시작이었다.
[**] 오늘날의 한강

확신할 수는 없지만 적어도 사람들은 그렇게 믿었을 것이다.

　연구자들은 17세기 연평도의 상황도 임경업 장군 신앙의 형성에 한몫을 했다고 추정한다. 조선 초기, 정부에서는 왜구의 피해를 막기 위해 섬에 사는 백성들을 내륙으로 이주시켰다. 이른바 공도정책이다. 하지만 이 정책은 임진왜란 이후 경제적으로 곤궁해진 백성들이 다시 섬으로 이주하면서 사실상 폐기되었다. 한양과 가까운 연평도에도 백성들이 살 길을 찾아서 흘러들어왔다. 사방에서 이주민들이 몰려오자 기존에 있던 원주민들과의 갈등은 불가피했다. 이주민들끼리도 지역별로 충돌을 빚었다. 이 같은 갈등을 봉합하려면 서로 다른 생각과 생활방식을 가진 사람들을 하나로 묶어줄 그 무엇인가가 필요했다. 공동신앙체의 필요성이 대두된 것이다.

　어쩌면 연평도에도 토착신이 있었을지 모른다. 그러나 이주민들까지 포용하기엔 역부족이었을 것이다. 이들에겐 임경업 장군 같은 좀 더 강력하고 대중적인 존재가 필요했다. 모두가 납득할 수 있는 신을 모시고 제사를 치르는 것이야말로 마을을 하나로 묶어주면서 공동운명체라는 인식을 심어주기에 안성맞춤이었으니까!

　아울러, 이 시기 연평도 거주민들이 본격적으로 조기잡이에 나서게 된 것도 임경업 장군을 수호신으로 모시게 된 또 다른 이유였다. 조선 전기에 공도정책이 실행되긴 했지만 연평도와 인근 섬에 사람이 아주 없는 건 아니었다. 조정에서도 말을 기르는 목장을 둔 것으로 봐서 아주 버려둔 것 같지 않았다. 이렇게 거주민이 적을 때에는 섬 안에서 농사를 짓는 것만으로 충분했지만 이주민들이 폭발적으로 늘어나면서 더 이상 농사만으로는 생계를 유지할 수 없었고, 결국 바다로 나가야만 했다. 천만다행으로 섬 근처에 조기들이 몰려왔고, 조기의 최대 소비처인 한양과도 가까웠다.

이런 저런 연유로 연평도 주민들은 바다로 나가 조기를 잡았고, 불확실성이 가득한 먼 바다에서 자신들을 지켜줄 신을 필요로 했다. 한 사람의 격동에 찬 생애는 이렇게 사람들의 필요에 의해서 전설을 거쳐 조기잡이 어부들의 수호신이 된 것이다. 조선을 지키는 것보다 스케일이 좀 떨어지긴 했지만 백성들을 사랑하는 임경업 장군이었으니 충분히 만족했을 것이다.

⋮ 임경업 장군 신앙의 전파

사람들은 임경업 장군을 어떤 방식으로 모셨을까? 임경업 장군을 맨 처음 수호신으로 모시기 시작한 연평도를 살펴보자. 연평도에는 임경업 장군을 기리는 충민사라는 사당이 있다. 바다가 한눈에 내려다보이는 언덕에 자리 잡은 충민사에서는 매년 풍어제가 열린다. 물론 많이 잡기를 바라는 대상은 조기였다. 연구지들은 처음부터 마을 사람들 전체가 임경업 장군을 모시지는 않았을 것이라고 봤다. 처음에는 어업으로 생계를 유지하는 사람들만 임경업 장군을 모셨다가 조기잡이가 연평도 사람들을 먹여 살리게 되면서 차츰 마을 전체의 신이 되었을 것으로 본다. 풍어를 기원하는 의미도 깊었지만 마을 사람들이 한 배를 타고 나갔다가 사고로 몰살당하자 그 두려움을 잊고자 숭배하기 시작한 것도 하나의 이유였다. 그리고 그 높아진 위상의 결과물이 바로 충민사다. 조기잡이가 한창일 때 열리는 풍어제는 소를 잡을 정도로 규모가 컸는데 그 이유는 매년 조기가 풍성하게 잡혔기 때문이다. 이런 현상은 임경업 장군을 신으로 모시면 조기를 많이 잡을 수 있다는 믿음으로 이어졌다. 그리고 이 믿음은 점차 조기를 잡는 어부들에 의해 서해안 전역으로 퍼져나갔다.

서해안의 어부들이 임경업 장군을 신으로 모시게 된 이유는 대략 두 가지다. 첫 번째는 조기다. 임진왜란 이후 섬에 들어온 사람들은 농사만으로 생계를 유지하기 어려워지자 바다로 눈길을 돌린다. 청어가 사라진 이후 서해안에서 대량으로 잡을 수 있는 것은 조기뿐이었다. 풍족하게 잡히는 조기는 늘 어부들의 주머니를 두툼하게 만들어줬다. 먹고살기 위해 조기를 잡기 시작하면서 불온한 바다에 몸을 맡긴 사람들에겐 기댈 만한 존재가 필요했다.

두 번째는 어려운 자연환경이다. 어업이 위주인 동해안과 달리 서해안은 중국과의 교역통로였기 때문에 수많은 배들이 바다를 왕래했다. 거기다 조선은 세금으로 거둔 쌀과 곡물들을 배로 운송했다. 최종 목적지가 한양이었던 관계로 남해안과 서해안 연안은 늘 배들로 북적거렸다. 조수간만의 차가 심한 서해안은 해안지형도 복잡한 편이었다. 해안에 바짝 붙어서 항해를 하던 시절이었으니 암초나 파도에 배가 파손될 가능성은 늘 존재했다. 불안감은 필연적으로 신을 찾게 만들었다.

연평도에 들러 충민사에서 제사를 지냈던 어부들은 임 장군을 마을의 수호신으로 생각하던 주민들과 생각이 달랐다. 그들에게 임경업 장군은 조기를 많이 잡게 해주고 바다를 지배하는 신이었다. 그것이 연평도의 임경업 장군과 다른 지역의 임경업 장군이 가진 위상의 차이였다. 고향으로 돌아온 어부들은 임경업 장군의 보살핌 덕분에 무사히 많은 조기를 잡을 수 있었다고 이야기했을 테고 그러면서 차츰 기존의 마을신보다 임경업 장군의 위상이 높아졌을 것이다.

1950년에 터진 한국전쟁도 임경업 장군을 믿는 신앙이 퍼져나가는 데 큰 역할을 했다. 한국전쟁이 터지자 황해도 지역의 피난민들은 남하하여 서해안의 섬과 해안 지방에 정착하게 되었는데 이때 그들이 믿었던 신앙도 함께 와서 자리 잡게 되었다. 덕적도와 강화도가 대표적인 경우다. 덕적도의 서쪽 서포리의 경우 한국전

---

* 이런 특징은 마을 전체, 혹은 상당수가 조기잡이에 종사하는 경우에만 해당되었다. 상대적으로 농민이 많은 백령도에서는 임경업 장군을 모시는 신앙이 존재하지 않는다.

쟁으로 인한 피난민들이 기존의 마을 주민들보다 많아지면서 자연스럽게 임경업 장군을 마을신으로 모시게 되었다. 피난민들이 직간접적으로 조기잡이 어업과 관련이 있었고, 피난을 온 이후에도 조기잡이로 생계를 유지하면서 벌어진 현상이다.

임경업 장군 신앙을 전파한 또 다른 존재는 바로 피난을 온 무당들이었다. 공산주의자들의 탄압을 피해 피난 온 무당들은 대부분 임경업 장군을 모셨다. 앞서 설명한 대로 강한 힘을 가지고 있고, 억울하게 죽은 장군*을 모셔야 좋은 굿을 할 수 있다는 믿음 때문이었다. 이들에 의해 임경업 장군을 신으로 모시게 된 마을도 적지 않았다. 어쨌든 바다에서 살아남으려면 신에게 의지해야 했기 때문이다. 이렇게 해서 대략 18세기 정도가 되면 서해안 곳곳에 임경업 장군을 모시는 마을이 늘어나게 된다. 그렇다면 어느 지역까지 전파되었을까?

연구자들의 연구 결과는 다소 혼돈스럽다. 임경업 장군이라고 명시되어 있지 않고 그냥 장군님이라고만 부르는 경우도 있고, 별다른 명칭 없이 장군을 그려놓은 그림을 사당에 모셔놓고 제사를 지내는 경우도 많기 때문이다. 이런 점을 감안할 때 넓게는 압록강 근처의 대화도부터 안면도 지역까지 퍼져 있다고 보는 편이 합당할 것이다. 그 지역 안에서도 조기잡이가 활발하게 이뤄지는 곳

---

* 인천상륙작전을 통해 한국인에게 깊은 인상을 심어준 맥아더 장군을 모시는 무당도 있었다.

에서만 임경업 장군 신앙을 확인할 수 있다. 다만 안면도 남쪽인 녹도나 개야도에서도 조기잡이가 이뤄지고 있지만 엔진으로 움직이는 동력선이 없던 조선시대에는 녹도나 개야도의 배들이 연평도까지 올라가서 조기잡이를 하기엔 여러모로 어려움이 많았다. 따라서 임경업 장군 신앙은 연평도의 조기 어장에 올 수 있던 지역을 중심으로 광범위하게 퍼져나갔을 것이다.

해마다 조기잡이 철이 되면 겨울 내내 그물과 배를 준비한 마을 사람들이 들뜬 마음으로 출어를 준비한다. 두세 달 정도 고생하면 일 년 내내 풍족하게 지낼 수 있기 때문이다. 하지만 남겨진 가족들에게는 불안감이 점점 다가오는 시간이다. 태풍이 불까, 사고가 날까 걱정할 수밖에 없었을 것이다. 그런 마을 사람들의 마음을 위로해준 것이 바로 풍어제다. 임경업 장군을 경건하게 모시면 조기도 많이 잡고 무사히 돌아올 수 있을 것이라는 마음이 모인 것이다. 어쩌면 그것이 외롭고 비참하게 죽어간 임경업 장군을 서해안을 지키는 신으로 만든 진짜 이유일지도 모르겠다. 여기에 소개한 풍어제들은 대부분 1970~1980년대를 거치면서 사라졌다. 조기가 사라지면서 임경업 장군을 모실 이유도 없어졌기 때문이다.

칠산 바다는 우리가 지킨다

연평도와 더불어 서해 최고의 조기 어장으로 꼽히는 칠산 바다에도 어부들이 섬기는 신이 있다. 칠산 바다의 신은 특이하게도 여신인 개양할미*와 그 딸들이다. 연평도를 지키는 임경업 장군이나 남쪽 바다에서 신으로 모셔지는 전횡 장군과는 전혀 다른 스타일의 수호신인 셈이다.

개양할미는 칠산 바다가 보이는 부안의 변산반도에 살고 있었다고 전해진다. 바다가 보이는 변산반도의 끝자락에는 절벽과 암벽으로 이뤄진 적벽강이 있고, 이곳에 여울굴 혹은 당굴이라고 부르는 동굴이 있는데 이곳이 바로 개양할미가 살던 곳이다.

---

* 풍어와 마을의 번영과 평안을 기원하는 신앙의 대상으로서의 개양할미 이야기를 확인할 수 있다.

어느 날, 개양할미는 오랫동안 머물고 있던 여울골에서 나와서 서해 바다를 만들고 여덟 명의 딸을 낳았다. 그리고 딸들을 칠산 바다에 있는 섬으로 나눠서 보내고 막내딸과 함께 여울골을 지켰다. 개양할미와 그 딸들은 칠산 바다를 지켜보면서 태풍을 막고, 항상 조기를 많이 잡을 수 있도록 어부들을 도와주었다. 그녀는 엄청나게 큰 거인이었기에 나막신을 신고 칠산 바다를 걸어 다녀도 버선이 젖지 않았다고 한다. 개양할미가 했던 일 중 하나는 칠산 바다를 다니면서 깊은 곳을 메워 배들이 안전하게 지나갈 수 있게 한 것이다. 그런데 곰소 앞바다의 계란여를 지날 때 버선은 물론 치마까지 젖고 말았다. 개양할미는 화가 나서 치마로 돌과 흙을 날라 계란여를 아예 메워버렸다고 한다. 그 이후에도 이곳은 꽤 깊은 수심을 유지했다고 하니 원래 수심이 얼마나 깊었을지 짐작이 가고도 남는다.

다른 설화도 있다. 먼 바다로 고기를 잡으러 나간 남편이 돌아오지 않자 걱정된 아내가 여울굴이 있는 적벽강 언덕에 서서 바다를 내려다봤다. 그러자 여울굴에서 나온 개양할미가 무슨 일인지 물었다. 아내가 "고기잡이를 나간 남편이 소식이 없다"고 하자 개양할미는 곧장 바다로 나가서 남편이 탄 배를 끌고 돌아왔다고 전해진다. 이때에도 거대한 개양할미는 마치 개울가를 건너듯 칠산 바다를 가로질렀다.

: 개양할미, 칠산 바다의 수호신이 되다

전설에는 그녀가 왜 그런 일을 했는지 자세한 이유가 나오지 않는다. 그러나 조기잡이 어부들을 도와주었기 때문에 수호신으로 받들어졌다는 것만은 부정할 수 없다. 이 같은 배경에서 조기잡이 어부들은 개양할미를 바다를 지켜준다는 뜻의 수성(水聖)이라고 불렀고, 동시에 수성할미라고 부르기도 했다. 사람들은 개양할미가 막내딸과 같이 돌아갔다고 전해지는 여울골에 수성당(水聖堂)이라는 사당을 지었는데, 아홉 여신들이 나왔다는 뜻으로 '구낭사(九娘祠)'라 부르기도 한다.

개양할미는 임경업 장군이나 전횡 장군처럼 실존 인물이 아니다. 따라서 어떤 과정을 거쳐 조기잡이 어부들의 신으로 군림하게 되었는지 그 과정을 정확하게 알 수가 없다. 아울러 다른 지역과 달리 여신을 모시게 된 경위도 밝혀지지 않았다.

개양할미 설화가 시작된 변산반도는 백제 시절부터 중요도가 높았던 지역으로 해상 교류가 활발했다. 송나라 사신인 서긍도 변산반도 앞바다에 있는 위도를 거쳐서 고려로 들어왔고, 조선시대에 접어들면서는 수군진이 설치되었을 정도다. 그런데 변산반도 앞바다는 조류가 거세고 복잡하게 흐르기로 유명하다. 이곳을 지나거나 조기를 잡으러 나선 배들은 으레 조류와 사투를 벌여야 했고, 배가 침몰하기도 했다. 따라서 필연적으로 신을 찾게 되었

전북 부안군에 있는 수성당(전라북도 유형문화재 제58호)

다. 이곳에서 삼국시대 유물이 발굴되었을 만큼 오래전부터 바다
의 신을 모시는 풍습이 있었다는 것도 이해할 만하다.

개양할미는 중국에서 건너온 신으로 이해하기도 한다. 중국 항
주만의 어촌에서는 매년 봄, 고기잡이를 나서면서 바다의 신에게
개양제를 지내며 풍어와 안전을 기원했다. 개양은 한자대로 해석
하면 바다를 연다는 뜻인데 이는 겨울 동안 쉬었던 조업에 나선
다는 뜻으로도 받아들일 수 있다. 하지만 변산반도의 개양할미는
여신이고, 개양제는 풍어제 같은 제사이기 때문에 이름이 같다는
이유만으로 중국 항주만에서 전래되었다고 확신할 수는 없다.

칠산 바다 어부들이 여신을 수호신으로 삼은 이유

다른 해역의 수호신들이 단순히 조기잡이 어부들을 지켜줬다는 추상적인 믿음의 대상이었던 데 비해 개양할미의 역할은 보다 분명하다. 그가 어떤 일을 했는지 명확하게 알려졌기 때문이다. 바로 칠산 바다의 깊은 곳을 메워서 어부들이 안전하게 조기를 잡을 수 있도록 해줬다는 것이다.

수심이 갑자기 깊어지면 물살이 빨라지기 때문에 지나가던 배가 위험에 처할 수 있다. 아울러 얕은 바다에서 조업할 때 그물을 쉽게 내려서 조기를 많이 잡을 수 있다. 칠산 바다나 연평도는 수심이 얕았기 때문에 조기들이 산란을 위해 모여들었다. 따라서 어부들이 손쉽게 그물을 내려서 조기를 잡을 수 있는 어장이 생기게 되었다.

그런데 위도와 격포항 사이의 바다는 조류의 변화가 심한 곳으로 유명했다. 세금으로 거둔 곡식을 실은 조운선도 많이 지나갔지만 조기잡이 어부들이 탄 배도 이곳에서 많이 활동했다. 따라서 난파 사고도 많았다. 실제로 1993년 서해 페리호가 침몰된 곳이 바로 이곳이다. 조선시대에도 아마 수많은 난파 사고가 발생했을 것이다. 노련한 뱃사람에게는 복잡한 조류가 그다지 문제될 게 없었다. 축적된 노하우와 능력으로 극복할 수 있었기 때문이다. 하지만 그것만으로는 부족했다. 이러저러한 노력과 더불어 누군가가 지켜줄 거라는 확고한 믿음이 필요했는데 그 대상이 바로 개양할미와 그 딸들이었다.

개양할미는 먼 바다로 나가서 돌아오지 않는 어부를 구출해주기도 했다. 다른 지역의 신들이 조기잡이가 잘 이뤄질 수 있도록 힘을 발휘했다면, 개양할미에게는 어부들의 안전을 책임져주는 신이라는 모습이 더 강했다. 아마도 칠산 바다가 위험한 바다라는 인식 때문이었을 것이다.

수성당은 지금도 부안 격포리 죽막동 마을에 남아 있다. 한 칸짜리 작은 기와집으로 만들어진 수성당의 상량문에 있는 글씨를 토대로 1804년 6월 즈음에 지어졌다는 사실이 확인되었다. 이후 여러 차례 고쳐지면서 예전 모습은 사라졌다. 이곳에서는 매년 정월 초사흘, 그러니까 1월 3일에 제사가 열렸는데 죽막동 마을은 물론 인근의 어부들까지 모두 모여 성대하게 치렀다고 한다. 특히 조기가 많이 잡히던 1950년대에는 제사가 매우 크게 열렸다. 하지만 1960년대 접어들면서 차츰 규모가 줄어들다가 아예 명맥이 끊긴다. 칠산 바다에서 조기가 사라지면서 사람들의 뇌리에서도 수성당에 대한 기억은 차츰 희미해졌다.

중국에서 건너온 신, 전횡

: 전횡은 누구일까?

조기잡이가 주업이었던 녹도 주변 섬에는 흥미로운 신이 하나 있다. 바로 '전횡((田橫, ?~기원전 202)'이다. 전횡은 중국에서 건너온 신이다. 대체 어떤 인물이기에 남의 나라 조기잡이 어부들의 신이 되었을까?

유방과 항우가 천하의 패권을 놓고 다투던 초한(楚漢) 전쟁의 시기, 동쪽의 제나라에 전횡이라는 왕이 있었다. 그는 원래 왕이 아니었는데 전쟁이 벌어지자 그 와중에 은근슬쩍 경쟁자들을 제거하고 왕위에 오른 인물이다. 사마천이 쓴 『사기(史記)』를 보면 전횡이라는 인물의 드라마틱한 삶을 확인할 수 있다.

천하통일의 영광을 영원히 누릴 것 같던 진(秦)은 시황제가 죽은 뒤로 급격히 흔들린다. 이 상황에 기름을 부은 것이 바로 '왕후장상의 씨가 따로 있느냐'며 반란을 일으킨 진승과 오광의 난이었다.

진승이 보낸 군대가 제(齊)의 적현이라는 곳에 이르렀을 때의 일이다. 진이 파견한 적현의 현령이 성문을 닫고 저항하자 성 안에 살던 전담이 거사를 일으켜 현령을 죽이고 성을 장악했다. 이후 세력을 넓힌 전담은 제의 땅을 모조리 차지하고 왕위에 올랐다. 하지만 위(魏)를 도와주기 위해 출병했다가 진의 장수 장한에게 기습을 당해 목숨을 잃으면서 혼란에 빠진 제에서는 다른 왕을 옹립한다. 그러자 전담의 사촌동생 전영이 다시 군대를 일으켜서 경쟁자들을 제거하고 제를 차지한다. 전영은 사촌 형인 전담이 다른 나라를 돕다가 목숨을 잃었던 것을 교훈 삼아 전쟁에 끼어들지 않았다. 그 와중에 항우의 숙부인 항량이 장한과의 싸움에서 패배하고 목숨을 잃는다. 이 소식을 들은 항우는 한걸음에 달려와 거록에서 장한을 격파하면서 복수한다. 그러고는 항량의 구원 요청을 거절한 전영을 원망한다.

진을 멸망시킨 항우는 제의 왕을 결정할 때 의도적으로 전영을 배제했는데 이에 격분한 전영은 항우가 세운 제의 왕들을 몰아내고 땅을 차지했다. 그러나 항주가 직접 나서자 승승장구하던 전영은 상대가 되지 못했다. 결국 평원으로 도망친 전영은 그곳에서 목숨을 잃는다. 항우는 제의 땅을 쑥대밭으로 만들면서 대 학살을 저지른다. 본때를 보여주겠다는 심산이었다. 그러나 제의 백성들은 크게 반발했고, 결국 전영의 동생인 진횡이 흩어진 병사를 보아서 항우와 대치한다. 그러는 사이 패주했던 유방이 다시 세력을 길러서 항우의 본거지인 팽성으로 진격하자 항우는 전횡을 놔두고 철수했다. 한숨 돌린 전횡은 죽은 형인 전영의 아들이자 조카인 전광을 왕으로 옹립하고 자신은 재상이 되어서 제를 통치한다.

몇 년 후, 여전히 항우와 대치 중이던 유방이 사신을 보내서 복속할 것을 종용하고, 전횡은 사신의 설득에 따라 항복할 마음을 품지만 유방의 부하인 한신이 그 틈을 타서 기습 공격을 감행한다. 순식간에 방어선이 뚫리고 도읍인 임치까지 함락될 위기에 처하자 전횡은 유방의 간계라고 생각하고는 사신을 처형하고 도망친다. 전광이 사로잡히자 전횡은 왕을 자처하고 다시 세력을 모은다. 하지만 한의 공격을 이기지 못하고 5백 명의 부하와 함께 멀리 도망쳐서 섬에 은거한다. 그 사이, 항우를 제거하고 마침내 천하를 통일한 유방은 숨어서 살고 있던 전횡을 부른다. 다시 세력을 길러서 저항하게 될 것을 우려하여 자신의 신하가 되면 평온하게 살 수 있게 해주겠다고 약속한다. 하지만 한 번 속은 전력이 있었던 데다가 왕이라는 자부심에 가득했던 전횡은 사신을 따라 유방을 만나러가던 중 스스로 목숨을 끊는다. 섬에 남아 있던 전횡의 부하 5백 명은 그 소식을 듣고 한 명도 남김없이 자결하여 그의 뒤를 따랐다. 소식을 들은 유방은 전횡을 제왕의 예법에 맞춰 장례를 치러준다.

그러니까 전횡은 우리가 『초한지』에서 만날 수 있는 수많은 패배자 중 한 명이다. 그런 그가 어째서 서해 지역의 신이 되었을까?

그것도 거의 2천 년이라는 시간을 건너뛰어서 말이다.

⋮ 외연도의 전횡 풍어제

일제강점기인 1936년, 충청남도 보령 앞바다에 있는 외연도*라는 섬에 전횡 장군의 사당이 세워진다. 이때 남겨진 기록에 왜 전횡이라는 제의 왕이 서해에서 조기를 잡는 어부들의 신이 되었는지 짐작하게 해주는 단서가 나온다.

> 한이 흥하고 제가 망하자 의리로 절개를 굽히지 않고
> 오백여 명과 더불어 바다 건너 반양산(半洋山)에 들어와 살았다
> … (중략) … 반양산은 지금의 외연도다. 지금에 이르러
> 수천 년이 지났어도 오히려 사당을 세우지 못하고,
> 다만 석대로 신을 제사하는 당을 삼았다.

제나라의 왕 전횡이 은거한 곳이 외연도라 믿고 사당을 세운 것이다. 중국 사람들은 전횡의 비극적인 죽음을 권력 앞에서 절개를

＊ 서해안에서 가장 가고 싶은 섬으로 손꼽히는 외연도의 이모저모

133

지킨 것으로 받아들였고 자연스레 선비들의 롤모델이 되었는데 이 분위기가 한반도에 그대로 전해진 것이다. 임진왜란 때 참전한 명의 장수들에 의해 관우 숭배 사상이 수입된 것과 유사하다.

특히 고려와 조선의 선비들은 전횡의 절개를 높이 평가했다. 그러면서 전횡이 은거한 섬이 우리 땅에 있을 것이라는 희망 섞인 바람을 갖게 되었고, 시간이 흐르면서 이는 차츰 사실이 되었다. 진의 시황제가 불로초를 찾기 위해 보낸 서불이 자기들이 사는 땅에 도착했을 것이라는 믿음으로 이런 저런 흔적을 남겨놓은 것처럼 말이다. 절개의 상징인 포은 정몽주가 명으로 건너가려고 외연도에 들렀다가 전횡과 5백 명의 부하들을 기리는 시를 지었다는 전설도 전해져 내려온다.

이런 믿음들이 이어지면서 조선 후기에는 아예 전횡과 그의 부하들이 머물렀던 섬이 우리나라 서해의 어느 곳일 거라 확신하는 분위기로 굳어졌다. 숙종 34년인 1708년, 영천의 권순원이라는 선비가 상소를 올리면서 오호도, 즉 전횡이 머물던 섬에 제단과 비석을 세우고 관리를 파견해서 감독해달라고 건의한다. 2년 후에도 같은 내용의 상소가 올라왔다. 그러나 담당 관청인 예조에서는 전횡이 머물던 섬이 어느 곳인지 명확하게 알지 못하니 윤허할 수 없다고 했다. 여기서 중요한 것은 예조에서도 어느 곳인지 알지 못하는데 마치 우리나라 안에 실제로 있는 것처럼 이야기했다는 점이다. 그 뿐이 아니다. 약 30여 년 후인 영조 때에도 전횡이 살았다는 오호도에 관한 이야기가 나온다. 영조는 흥미를 나타내면서 오호도가 어디인지 알아보라고 지시하지만 어느 섬인지 알아내지는 못했다고 한다. 하지만 이 일화 역시 오호도가 우리 영역 안에 있다고 전제했다는 것을 알 수 있다.

선비들이 전횡을 모시기 위해 사당과 비석을 세우려고 했던 것은 충효사상에 입각한 유교적인 시각을 바탕으로 한다. 하지만 섬사람들이 전횡을 위험한 바다에서 자신을 지켜주고 조기를 많이 잡게 해주는 수호신으로 인식했다는 것은 아무리 봐도 의아하다.

외연도가 전횡이 은거한 섬이라고 인식된 이유는 이곳이 중국과 가까웠고 많은 사람들이 배를 타고 가는 도중 들렀던 위치에 있었기 때문일 것이다. 드나드는 사람들의 입을 통해 여러 이야기가 오갔을 테고, 뱃사람들은 또 자기들이 알고 있는 무용담을 주고받았을 테고, 그중 전횡의 이야기가 있었을 것이다. 시간이 흐르면서 짐작과 추측이 난무한 가운데 사람들은 어쩌면 아주 자연스럽게 '그곳이 바로 여기'라고 결론을 내렸을지도 모른다. 그러면서 자연스럽게 외연도 사람들은 전횡이 자신들을 지켜주는 신이라고 인식하게 되었고 급기야 제단을 만들고 제사를 지냈을지도 모른다. 그러다가 1936년, 마침내 사당*을 세우게 된 것이 아닐까?

---

* 1936년에 만들어진 사당은 몇 차례의 수리를 거쳐서 지금도 보존되어 있으며 전횡 장군의 위패 또한 모셔져 있다.

135

외연도는 농사를 짓기가 불편한 곳이다. 배를 타고 나가 고기를 잡는 것으로 생계를 유지해야 했다. 태안 지역의 만선풍장소리에 '연평도로 올라가는 조기를 중간에 다 잡아들여 만선을 이루자'는 내용이 있고, 그 안에 외연도가 언급되는 걸 보면 이곳 사람들도 실제로 바다에 나가 조기를 잡았던 것으로 보인다. 어업이 생업의 거의 전부를 차지했던 만큼 당연히 외연도 사람들 역시 풍어와 안전을 기원하며 신을 모셨을 테고, 그 신의 역할을 전횡이 맡았을 뿐이다.

⠿ 풍어제로 살펴본 외연도의 이모저모

외연도에서 풍어제를 지내는 시기와 방법이 변천되는 과정을 들여다보면 조기잡이의 역사, 그리고 바다가 인간에게 끼친 무게감의 변화를 구체적으로 느낄 수 있다. 1936년 전횡 장군의 사당이 건립된 데서 알 수 있듯이 외연도의 풍어제는 일제강점기를 거치면서 점점 규모가 커져서 1970년대까지 이어졌다.

외연도의 제사는 4월과 8월, 그리고 11월에 거행되었다. 봄과 가

＊ 풍어를 기원하는 외연도의 풍아당제 모습

을 두 차례 제사가 치러지는 경우는 있어도 세 번이나 치르는 경우는 드물어서 이곳의 제사는 학계의 관심을 끌었다. 섬사람들은 4월의 제사를 도신, 8월의 제사는 노구제, 11월의 제사는 동짓달 도신이라고 부른다. 4월의 제사는 본격적인 고기잡이철이 시작되는 때 지낸 것으로 풍어와 안전을 기원하는 의미가 가장 컸고, 8월에 지내는 노구제는 곡식을 수확하는 계절에 맞춰서 지내는 제사였기에 농경에 의미를 두었다. 11월에 지내는 동짓달 도신은 풍어와 안전을 이루게 해준 데 감사하는 의미가 컸는데, 세 번의 제사는 모두 전횡 사당을 중심으로 치러졌다.

4월과 11월에 지내는 외연도 제사는 당주를 뽑는 것으로 시작한다. 나이가 많고 제사를 지내본 경험이 많은 사람을 당주로 뽑고 나서 그 집에 당기를 꽂는다. 당사자는 부정한 것을 피하기 위해 집 밖으로 나오지 않는다. 그 사이 부당주들이 희생 제물로 쓸 소를 고르고 제사 준비를 진행한다. 당일이 되면 제사가 열리는 전횡 사당 안팎을 깨끗하게 청소하고 준비한 제물을 제단에 놓는다. 그다음으로는 사당 안의 전횡 장군 신위에 제물을 바치고, 당주가 술을 올린다. 당주가 전횡 장군 사당 안에서 제사를 지내는 동안 밖에서는 희생 제물로 끌고 온 소의 도살이 이뤄진다. 도살된 소의 고기와 내장은 전횡 장군 사당과 다른 제단에 제물로 사용된다. 마지막으로 술을 바진 다음 당주와 부당주들은 제물을 수습하고, 이후 섬 곳곳에서 간단한 제사를 지내면서 바닷가에 도착하여 제사 때 사용한 제물의 일부를 작은 띠배에 실어 바다로 보내는 것으로 모든 절차가 마무리된다.

전횡 장군을 모시는 외연도의 제사를 보면 섬이 처한 여러 가지 정황을 알 수 있다. 먼저 가장 핵심적인 풍어제가 4월에 열렸다는 것은 이 지역의 지리적인 조건을 짐작하게 해준다. 먼 바다에 있는 섬인 만큼 타 지역보다 수온이 낮았을 테고 당연히 조기잡이도 늦게 시작되었을 것이다. 육지와 멀리 떨어져 있으니 새로운 기술이나 장비의 이입 또한 늦어졌을 테고 따라서 조어법이 낙후되었을 게 뻔하다. 설령 운이 좋아 조기를 많이 잡는다 해도 육지까지 온전히 가져가기도 힘들었을 터다.

실제로 외연도 주변은 수심이 깊고 조류의 흐름이 빨라서 주벅을 설치하기가 어려웠다. 조기를 잡는 중선배나 안강망도 가격이 비싸고 유지 비용 또한 만만치 않아 쉽게 도입하지 못했다. 따라서 외연도 사람들의 어업은 돌김이나 미역을 채취하고, 작은 배를 타고 나가서 주낙으로 조기를 잡아들이는 게 전부였다. 섬사람들은 "조기를 깔고 앉았으면서도 잡을 수 있는 방법이 없었다"고 술회한다.

그러던 중 1960년대가 되면서 외연도는 큰 변화를 맞는다. 연근

---

* 본문에 언급한 절차는 1987년 다시 제사를 지내기 시작하면서 이뤄진 것으로 예전 제사와는 차이가 있을 가능성이 높다.

해에서 조기가 사라지자 조기잡이 배들이 외연도까지 온 것이다. 엔진을 갖춘 동력선에 냉장 보관 시설까지 생겨난 시대였으니 거리는 문제가 아니었다. 조기를 비롯해서 삼치와 꽃게 등을 잡기 위해 수백 척의 배들이 몰려왔다. 그러면서 외연도에는 선원들을 상대로 하는 다방과 술집, 여인숙 등이 수십 개 생겨났고, 이런 변화는 외연도 사람들에게도 큰 영향을 미쳤다. 이제 그들에게도 배와 그물이 생긴 것이다.

이로써 오랫동안 침체되었던 섬은 활기를 띠게 되지만 역설적으로 외연도가 오랫동안 모셔왔던 전횡에 대한 제사는 자취를 감추게 된다. 섬사람들이 너도나도 어업에 뛰어들면서 농사짓는 가구가 사라졌고, 그 결과 8월에 지내던 제사도 없어졌다. 동시에 절차가 번거로운 4월과 11월의 풍어제도 사라지게 되었다. 역설적이지만 이 모든 일은 외연도가 조기를 비롯한 물고기를 가장 많이 잡게 된 1970년대에 벌어졌다.

전횡 장군이 다시 부활한 것은 1987년이다. 제사를 없애면서 이런 저런 안 좋은 일이 생기고, 설상가상으로 어획량이 줄어들면서 고기잡이도 한풀 꺾이게 되었다. 외지인이 떠나고 섬이 다시 조용해지면서 주민들 사이에서 전횡 장군에 대한 제사를 모시자는 의견이 대두되었고 정월 대보름에만 제사를 지내는 것으로 결론이 났다. 그러다가 2007년, 태안 기름 유출 사건으로 인해서 외연도는 큰 피해를 입는다. 수습하는 과정에서 2008년부터 2월 대보름으로 풍어제 시기를 옮기게 되었다. 그 이후부터 외연도는 계속 2월 대보름이 되면 이틀에 걸쳐 전횡 장군을 모시는 풍어제를 지낸다. 조기는 사라졌지만 믿음은 사라지지 않은 것이다.

: 전횡을 수호신으로 받든 또 다른 섬, 어청도와 녹도

외연도 근처에 있는 어청도에서도 전횡을 수호신으로 모신다. '치동묘(淄東廟)'라는 사당에서 모시는데 여기엔 장군이라는 이미지에 걸맞게 각종 무기들과 함께 무인도가 벽에 걸려 있었다고 전해진다.

전횡이 어청도에 오게 된 사연도 꽤 구체적이다. 유방에게 쫓긴 전횡이 두 명의 형제와 5백 명의 부하를 이끌고 배에 탄 채 서해로 탈출했다. 그리고 석 달간 항해하던 끝에 어청도에 도착한다. 그때 안개 낀 바다 위로 푸른 산봉우리가 솟아 있는 걸 보게 되는데 그것이 바로 어청도였다고 한다. 전횡은 이곳에 자리를 잡고 '푸른 산봉우리를 가진 섬'이라는 뜻으로 어청도라는 이름을 붙였다고 한다.

전횡은 식량 부족을 해결하려고 묘책을 냈다. 높은 언덕에 올라가 바다를 향해 쇠로 된 부채로 바람을 일으킨 것이다. 서해를 오가던 조운선들은 이에 태풍이 온 줄 알고 어청도로 대피했고, 전

어청도의 치동묘. 포구 마을 중앙에 자리하고 있는
치동묘는 중국 제나라 사람 전횡을 모시는 사당이다.

횡 일당은 그 배들을 약탈해서 굶주림을 면했다고 한다. 이 엉뚱한 이야기는 어청도가 농사를 짓고 살 만한 곳이 아니었음을 암시한다. 실제로 어청도엔 외연도와 마찬가지로 농사 지을 땅이 별로 없었기에 바다로 나가는 게 필연적이었다.

이곳 어청도는 조기잡이가 활발하게 이뤄지던 곳이며 포경이 금지되기 전까지는 고래잡이 어업도 성행했다고 한다. 또한 진도 근처의 조도에서 쓰는 닻배그물을 써서 조기를 잡은 것으로 전해진다. 섬사람들은 매년 섣달그믐, 그러니까 한 해의 마지막 날 사당에 모여서 제사를 지냈는데 이 제사는 다음 날인 정월 초하루까지 이어졌다.

어청도 근처에 있는 녹도에서도 전횡 장군을 수호신으로 모셨다. 외연도나 어청도에서처럼 절개로 이름 높은 전횡 장군이 어딘가에 머물렀을 것이고 그게 바로 내가 있는 섬이었으면 좋겠다는 희망이 실제 상황으로 옷을 갈아입은 것이다.

녹도의 전횡 장군 설화는 외연도나 어청도와 약간 다른 양상을 보인다. 섬에 머물던 전횡은 섬사람들이 굶주리는 것을 보고 쇠부채로 바람을 일으켜서 지나가던 조운선을 끌어당긴다. 그리고 쌀을 빼앗고, 배를 불태워서 흔적을 지운다. 어청도와 비슷하지만 섬사람들을 돕기 위해 조운선을 털었다는 포인트가 다르다. 앞선 두 섬과 다르게 전횡이 의적으로 간주된다는 점이 매우 흥미롭다.

녹도는 주벅과 어살로 조기를 대량으로 잡아들이던 곳이다. 따라서 제사도 여러 차례 지냈고 그 내용도 몹시 화려했다. 뭍에서 무당들을 불러왔고, 서로 제사를 주관하는 당주 역할을 맡기 위해서 경쟁이 치열했을 정도다. 하지만 녹도에서 조기가 사라지면서 더 이상 당주를 할 만한 사람도 사라지고, 차츰 전횡 장군 숭배도 막을 내리게 된다.

사실 전횡과 그를 따르는 부하들이 은거한 섬은 산둥반도 근처에 있다. 중국에서는 그 섬을 전횡도라고 부른다. 물론 사당도 있다. 서해라는 공간을 두고 한 지역의 인물이 두 지역에서 신으로 모셔지고 있는 셈이다. 그것도 한쪽에서는 조기를 잡는 어부들에 의해서 떠받들어지고 있으니 몹시 흥미로운 사연이다.

신들이 사라진 바다

조기잡이 어부들이 섬기고 따랐던 서해의 신들은 1970년대가 되면서 약속이나 한 듯 사라진다. 일주일이 넘도록 성대하게 치르던 제사도 점차 그 기간이 줄기 시작하더니 언제부터인가 해를 건너 뛰게 되었다. 깨끗하게 단장되어 있던 사당들도 비바람에 시달리다가 허물어졌다. 사실 엔진으로 움직이는 동력선이나 잡은 조기를 오랫동안 보관할 수 있는 냉장 보관 설비, 가볍고 튼튼한 나일론 그물은 조기들에게는 재앙이나 다름없었다. 무절제한 포획으로 바다에서 조기가 사라지게 되었고, 조기를 잡지 못한 어부들은 더 이상 신을 믿지 않게 된 것이다.

간절히 바라고 이루기 어려운 일들은 인간으로 하여금 신을 찾게 만든다. 그러나 손쉽게 얻을 수 있고 소중함을 느끼지 못하면 더 이상 신의 도움이 필요하지 않을 수도 있다. 바다는 항상 같은 자리에 있지만 인간은 항상 변화하고 항상 원하는 것이 바뀐다. 어쩌면 불확실성이 강한 바다보다 더 알 수 없는 것이 인간의 마음일지도 모른다.

제4장

조기에서 굴비로

영원불멸의 이름, 굴비

이자겸과 정주굴비

친밀하고 익숙한 존재들은 제 나름대로 이야기를 갖고 있게 마련이다. 수백 년간 우리의 밥상에서 한 자리를 차지했던 조기에게도 그만의 이야기가 있다. 대표적으로 알려진 것이 '자린고비 설화'다. 그러나 가장 오래된 이야기는 뭐니 뭐니 해도 '이자겸의 굴비'이다.

고려 인종 때의 권신이었던 이자겸은 두 딸(셋째, 넷째)을 임금에게 시집보내면서 막대한 권세를 누리게 된다. 그러나 외조부 이자겸의 횡포에 분노한 인종은 측근을 시켜 이자겸을 제거하려 했다. 하지만 그의 곁을 지키던 당대 최고의 무장 척준경의 방해로 실패하고 만다. 주동자들이 모조리 죽음을 당한 것은 물론 인종 자신조차 언제 죽을지 몰라서 전전긍긍하게 되었다. 『고려사』에는 이자겸이 인종을 제거하려고 독이 든 떡을 바쳤는데 그의 딸인 왕비가 일부러 방해해서 독살에 실패했다는 일화가 나온다. 그러나 이렇게 왕위를 노리면서 영원불멸할 것처럼 군림했던 이자겸도 하루아침에 몰락하게 되는데, 바로 척준경과의 사이가 틀어진 탓이었다.

윤관이 여진정벌에 나섰을 때 혜성처럼 등장한 척준경 덕분에 이자겸은 인종의 측근들을 제거하고 권력을 장악할 수 있었다. 하지만 사소한 오해 때문에 척준경이 등을 돌리는 일이 벌어진다. 절치부심(切齒腐心)하던 인종은 은밀히 사람을 보내서 척준경을 회유했고, 결국 척준경은 인종의 편에 서게 된다. 이에 이자겸은 항복하는 수밖에 없었다. 임금의 자리를 넘보다가 하루아침에 역적이 된 것이다. 보통 이런 경우에는 당사자는 사지가 찢겨 죽고 가족들도 모두 처형되게 마련이지만 이자겸은 임금의 장인이기도 했기에 죽음만을 면한 채 아내와 아들과 함께 영광군으로 유배를 떠난다.

영광군으로 유배를 온 이자겸의 눈에 바닷가에 줄줄이 걸어놓은 말린 생선이 보였다. 먹어보니 맛도 있었다. 이자겸은 이 맛있는 생선을 인종에게 바쳤다. 그러면서 '정주굴비(靜州屈非)'라는 네 글자를 써서 보냈다. 비록 선물을 바치기는 하지만 비굴하게 굽히지는 않겠다는 뜻이다. 당시 이자겸의 처지가 이런 배짱을 부릴만한 상황은 아니었지만 어쨌든 이 일로 인해서 영광군에서 잡아 말린 생선은 굴비라는 이름을 얻게 되었다.

이자겸은 유배지인 영광군에서 살다가 얼마 후 세상을 떠나지만 함께 내려온 아내는 3년 후에 개경으로 돌아왔다. 그리고 비록 죽은 지 한참 지난 후 였지만 이자겸은 관직을 추증 받는다. 지은 죄에 비해 비교적 빨리 역적이라는 타이틀을 벗을 수 있었던 이유가 인종에게 바친 굴비 때문인지 알 길은 없다. 또한 이자겸과 굴비 일화의 진위 여부 역시 명확하게 파악할 수도 없다. 그러나 고려시대부터 조기를 잡아서 소금에 절인 다음 바닷바람에 말리는 방식의 보존법이 보편화되었음을 짐작할 수 있다.

바람에 몸을 맡겨 '굴비'가 되다

＊　나라에 공로가 있는 벼슬아치가 죽은 뒤에 품계를 높여 주던 일.

조기를 잡아 몸통을 짚으로 엮어서 매달아놓으면 바닷바람을 맞으면서 서서히 허리가 구부러지는데 이 모습을 보고 굽어졌다는 뜻으로 '구비(仇非)'라고 부르다가 나중에 굴비로 변했다고 보는 견해도 있다. 학자들과 전문가들은 이자겸 설에 관해서는 부정적으로 보고, 후자를 사실로 보는 편이다. 하지만 두 가지 의견을 모아보면 구비라고 불리던 것을 이자겸이 인종에게 보내면서 좀 더 그럴듯하게 굴비라고 부른 것일 수도 있다. 어쨌든 굴비는 이런 배경을 통해서 영원불멸의 이름을 얻게 되었다. 사실 굴비처럼 우리 밥상을 오랫동안 차지하고 있는 식재료에는 이 정도의 배경 이야기가 있어야 하지 않을까? 이제 조기가 어떤 과정을 거쳐 굴비로 변신하는지 알아볼 차례다.

조기를 잡고

⠿ 찾는 사람이 많으니 더 많이 잡을 수밖에

조선시대 어업이라고 하면 대부분 작은 나룻배에 서너 명이 타고 낚시를 하거나 어살이라고 불리는 간단한 어구를 쓰는 것이 전부인 줄로 알고 있다. 하지만 먼 바다에 사는 조기를 잡으려면 분명 큰 배가 필요했을 것이다. 이동거리도 만만치 않았고 승선 인원도 수십 명을 웃돌았을 테니 말이다.

조기를 잡을 때엔 여러 척의 배가 모여 그물을 내렸기에 한 번에 잡아들이는 양은 어마어마했다. 조기잡이 어선들은 대개 영광의 법성포 앞바다에서부터 연평도를 거쳐 북쪽 압록강 근처의 대화도까지 올라가곤 했다. 그래서인지 법성포 앞바다에서 출발해 대화도 근방까지 가서 중국 배들과 조업했다는 기록도 심심찮게 찾아볼 수 있다. 이렇게 잡아들인 조기를 빠른 시간에 운반하기 위해서 '상고선(商賈船)'이라고 불리는 별도의 운반선이 있었고, 객주들은 포구에서 기다리고 있다가 상고선에서 내린 조기들을 사들였다.

이렇게 조기잡이 어업이 대형화되고 체계화된 것은 조기의 특성과 수요 때문이다. 제주도 남쪽 바다에서 겨울을 지낸 조기는 봄이 되면서부터 북쪽으로 올라온다. 비교적 육지에서 먼 바다를 물밑으로 지나가는 습성이 있으므로 조기잡이엔 큰 배와 그물이 필수적이었다. 북쪽으로 이동하는 조기를 따라가면서 이루어졌던 조기잡이의 성지는 법성포 앞바다였다. 그곳이 육지에서 가깝고 수심이 낮았기 때문이다. 조기들은 산란을 위해서 이곳에서 이동을 멈췄고, 어부들은 그 틈을 노려 그물을 내렸다.

법성포 앞바다는 일곱 개의 섬들이 있다고 하여 '칠산 바다'라고도 불렸다. 섬의 영향으로 수심이 얕아진 이곳에 조기들은 알을 낳았는데, 차츰 북쪽의 연평도와 남쪽의 흑산도 역시 주변 바다가 얕아지면서 조기들이 산란하기에 적당한 장소가 되었다. 조기들이 떼를 지어 머물게 되면서 이들을 노린 어선들도 함께 몰려들기 시작했다.

앞서 설명한 대로 조기는 임금부터 백성까지 조선 사람들이 즐겨 먹던 반찬이었고, 한편으로 제사상에 빠지지 않고 올라가던 생선이었다. 따라서 낚시나 어살로는 그 수요를 충족시킬 수 없었기에 조업에 나설 때마다 대량으로 잡아들여야 했다. 또한 조기는 집단으로 이동하는 성질이 있어서 길목만 잘 지키고 있다가 그물

대화도 근처에서도 조기잡이가 이루어졌다

을 드리우면 수만 마리도 한 번에 잡을 수 있었다. 조기떼가 한꺼 번에 몰려들어 그물이 터졌다는 이야기가 들릴 정도였다. 또 다른 특징은 조기들이 먼 바다를 비교적 짧은 시간에 오갔다는 점이다. 당연히 짧은 시간 안에 많이 잡으려면 큰 배와 그물이 필수 아이 템이었다.

조기잡이 대형화의 문제들

일제강점기에 접어들면서 도입된 안강망 어선 이전에는 중선과 망 선이라 불리는 배들이 조기잡이에 동원되었다. 지역마다 크기는 달랐지만 대략 20명 이상이 탔다. 몇 달 동안 바다에 나가 있어야 하는 사정을 감안한다고 해도 상당히 큰 대형 어선들이었다. 걸핏하면 조선 사람들을 '원시적이고 게으르다'고 폄하했던 일본인 조사관들은 중선과 망선을 동원해서 조기잡이에 나선 조선의 어부들을 보고는 '의외다'라거나 '이례적'이라는 표현을 쓰곤 했다.

이런 선입견이 생긴 이유는 그 배들이 육지에 있는 사람들의 눈에는 보이지 않았기 때문이다. 배를 타고 까마득히 먼 바다로 나가서 내내 그곳에 머물면서 조기를 잡았기에 어떤 방식으로 잡아들이는지 볼 수 없었고, 게다가 조기들을 최대한 많이 잡기 위해 육지에 정박조차 하지 않고 바다에서만 지냈기 때문에 조업과정을 지켜보기란 더더욱 불가능했다.

중선이든 망선이든 조기를 잡으려면 그물이 필요했다. 어부들은 주로 조기들이 무리지어 다니는 먼 바다에 나가서 길목을 지키고 있다가 그물을 내려서 잡는 방식을 취했다. 이때 그물이 너무 작으면 조기들의 무게에 못 이겨 터져버릴 수 있었기 때문에 큰 그물이 필요했다. 아울러 파도와 바람에 배가 흔들리면 물속에 드리운 그물이 움직이면서 조기들이 다른 곳으로 가버리기도 했다. 따라서 조기잡이 배는 파도와 바람에 흔들리지 않고 큰 그물을 내릴 수 있을 정도로 커야 했다. 큰 그물을 내리려면 선원이 많이 필요했다는 점도 조기잡이 배가 점점 대형화하는 데 큰 몫을 했다. 결국 조선의 조기잡이 어부들은 큰 배를 만들었고, 이것을 타고 먼 바다까지 나가는 모험을 감행한 것이다. 이는 잉글랜드의 어부들

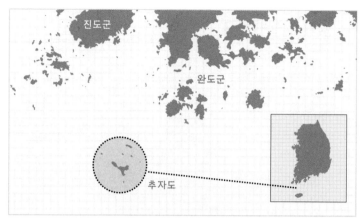

조기잡이의 세로운 메카로 등장한 추자도

이 대구를 잡기 위해 대서양을 건너서 신대륙까지 나아갔던 경우와 비슷하다.

조기잡이의 대형화는 사람에게도 조기에게도 많은 문제를 안겨 줬다. 어부들은 돈이 되는 조기를 잡기 위해 위험을 무릅쓰고 먼 바다로 나가야 했고, 배가 커진 만큼 그물이 대형화되고 어군 탐지기 등 도구들이 발달하면서 조기들의 씨도 말라갔다. 남획으로 인해 근해에서 조기잡이가 어렵게 되자 어부들은 점점 먼 바다로 나가게 되었다. 연평도와 칠산 바다에서 사라진 조기를 찾으려고 전국의 어선들이 남쪽의 추자도로 몰려간 것은 1970년대다. 그 이후로 추자도는 조기잡이의 새로운 메카가 되었다.

조기를 운반하고

ː 상고선의 등장

조지 클루니와 마크 월버그가 나온 할리우드 영화 〈퍼펙트 스톰〉
을 보면 등장인물들이 탄 안드레아 게일호가 폭풍에 휩싸이게 된
이유가 나온다. 엄청나게 많은 물고기를 잡았지만 그것을 보관할
냉장시설이 고장나버렸기 때문이다. 잡아들인 물고기가 상하기 전
에 항구에 도착하려면 폭풍우 치는 바다 한복판을 지나가야만
했다. 선장을 비롯한 선원들 모두 절박한 이유가 있었기에 그들은
위험을 무릅쓰고 정면 돌파를 선택한다.

　이 영화에서 알 수 있듯 아무리 많은 물고기를 잡아들였다 해
도 보관을 잘하지 못해 상하게 되면 상품으로서의 가치는 사라지
게 마련이다. 얼음과 냉장고를 마음껏 활용하는 요즘과 달리 전근
대 사회에서는 잡아들인 물고기를 보관할 때 무조건 '소금에 절이
기'를 선택했다. 하지만 조기잡이 어선에는 소금을 실을 수가 없었

다. 조선의 어선들은 나무못을 사용해 만든 것이어서 물이 잘 스며들었기 때문에 언제든 소금이 녹아버리는 불상사가 생길 수 있었기 때문이다. 거기다 배들이 아무리 크다고 해도 잡아들인 조기를 절이고 보관할 정도는 아니었고, 잡아들인 조기만 배에 실은 채 그대로 포구로 들어올 수도 없는 노릇이었다. 조기들은 해류를 따라 빠르게 이동하는 특성이 있어서 먼 거리에 있는 포구까지 갔다가 돌아오면 이미 떠나버리고 없었기 때문이다. 조기잡이 배들이 육지에 정박하지 않고 바다에서만 지낸 것도 같은 이유였다. 또 하나, 조업에만 특화된 배들이었기 때문에 빠른 속도를 낼 수 없었다는 점도 고려할 수밖에 없다. 따라서 잡아들인 조기를 포구로 옮기려면 별도의 배가 필요했다. 그것이 바로 앞에서 언급한 '상고선'이다.

상고선이라 불린 이 배들은 조기잡이 어선이 잡은 조기를 육지에 닿아 있는 포구로 운반했다. 일종의 운반선이었던 셈이다. 조선의 어업과 어선에 대해서 전반적으로 원시적이라 평가했던 일본인들조차 상고선의 빠른 속도에 감탄했다고 한다.

상고선은 어선들이 잡은 조기를 육지로 운반하는 일 외에 어선에 생필품을 공급하는 역할도 맡았다. 조기를 실어가면서 음식이나 담배, 술 등을 가져다준 것이다. 덕분에 조기잡이 어선들은 열흘이 넘는 기간을 바다에서 버틸 수 있었다. 이것은 최대한 먼 바다에 나가서 값비싼 물고기를 잡아서 빨리 육지로 돌아오는 일본의 어업 방식과 다른 형태였다. 일본의 조사관들이 조선의 어업을 원시적이라 판단한 이유도 여기에 있다. 조선의 조기잡이 어업은 한꺼번에 최대한 많이 잡아들이는 방식이었기 때문에 일본인의 눈에는 그렇게 보일 수밖에 없었을 터다. 하지만 일본인들이 조기를 즐겨 먹었다면 이들 역시 조선의 어부들과 같은 방식을 취하지 않았을까?

해상 시장이 형성되다

상고선은 대개 포구의 객주들이 운영했지만 일제강점기에 접어들면서는 조합에서 운영했다. 조기잡이가 한창일 때는 어선만큼이나 많은 상고선이 바다를 차지하기 일쑤였는데, 조기잡이 어선과 상고선의 거래는 으레 깃발로 시작했다.

조기를 잔뜩 잡은 조기잡이 어선이 뱃머리에 깃발을 꽂으면 그 것을 본 상고선이 가까이 다가갔다. 양쪽이 배를 대면 상고선의 선장과 어선의 선장이 귓속말과 손짓으로 거래를 진행했다. 거래가 진행되는 동안에는 다른 상고선이 접근하지 않는다는 불문율이 있었기에 양쪽 모두 거래에 집중할 수 있었다. 거래가 성사되면 상고선의 선원이 조기잡이 어선으로 넘어가서 조기를 센다. 한 마리씩 세려면 시간이 너무 많이 걸렸기 때문에 백 마리 단위로 한꺼번에 계산했다. 보통 1,000마리를 1돈이라고 불렀는데 상고선은 100돈, 그러니까 100,000마리의 조기를 사들이곤 했다. 물론 모든 값은 현금으로 치러졌다. 화폐가 사용되지 않았던 조선 전기에는 베 같은 천으로 대신 값을 치렀을지도 모르겠다. 거래가 잘 성사되면 상고선에서는 어선에게 술과 음식을 건네주고 떠나갔다.

이처럼 해상에서 즉석 매매 시장이 형성되어 흥정이 이뤄진 것은 대량으로 잡은 조기를 하루빨리 시장에 팔아야 했기 때문이다. 냉장 시설이 없던 때인 만큼 조기를 아무리 많이 잡았다 해도 상해버린다면 아무 소용이 없었기 때문이다. 따라서 바다 위에서는 대단히 신속하게 흥정이 진행되었다. 영조 때 편찬된 지리서인 『여지도서(輿地圖書)』에는 이런 풍경이 잘 묘사되어 있다. '매년 봄 온 나라의 어선들이 칠산 바다에 모여들어 그물을 던져 고기를 잡아들이고 매매하는데 서울의 저자거리 못지않게 시끄럽다'는 기록이다. 조기잡이 어선과 상고선이 만나서 거래하는 것이 바로 진정한 파시의 풍경이라고 할 수 있겠다.

그런데 이런 거래에서 손해를 보는 쪽은 주로 조기잡이 어선이었다. 보관 문제 때문에 울며 겨자 먹기로 상고선이 부르는 가격에 조기를 넘겨야 했던 것이다. 물론 상고선 역시 거래가 틀어지면 빈손으로 돌아가야 했으니 말도 안 되는 가격으로 후려치지는 않았다. 연평노에서 조업했던 어부들에 따르면 서울 상인들은 짠돌이였고 평양에서 온 상인들은 손이 컸다고 한다.

또 다른 경우도 있었다. 출발지의 객주로부터 자금을 지원받은 어선들은 반드시 그 객주에서 보낸 상고선과 거래해야 했다. 이 거래에서는 이자를 제했는데, 여기서도 조기잡이 어선 측에 더 손해였다. 물론 이때도 가격을 후려치지 않았고, 오히려 웃돈을 약간 얹어주는 식으로 어선들의 불만을 달랬다. 갑질을 하기 쉬운 상황인데 도리어 공존을 택한 것이다. 아마도 오랜 세월의 경험에서 우러난 공생 노하우가 아니었을까?

조기잡이 어선들 중에는 일본에서 건너왔거나 일본인이 탄 배도 있었다. 하지만 냉장 보관 시설이 없던 때라 일본 어선들도 조선의 상고선에 조기를 팔아야 했다. 따라서 상고선에는 일본어를 할 줄 아는 통역이 동행하기도 했다. 그때만큼은 한국과 일본을 구분하지 않았던 모양이다.

빙어선과 조기로드

상고선들 중에 특이하게도 '빙어선(氷漁船)'이라 불리는 배들이 있었다. 글자 그대로 얼음으로 조기를 냉장시켜 육지로 운반하는 배다. 냉장고도 없던 시절인데 대체 어디서 얼음을 구했을까? 그 답은 서빙고동이라는 지명에서 찾을 수 있다. 서빙고라는 지명은 얼음을 저장하는 창고라는 '빙고(氷庫)'에서 유래한 것이다. 예전에는 날이 추워지면 한강의 얼음을 잘라서 빙고에 보관했다가 한여름에 사용했는데, 조선 후기에 접어들면서 경강상인들이 세운 빙고들이 대폭 늘어났다. 생선을 소금에 절이는 것보다 얼음으로 보관하면 더 비싸게 팔 수 있다는 것을 경험으로 알았기 때문이다.

이 빙어선은 일본인들 눈에도 대단히 특이하게 보였나 보다. 아무래도 오늘날의 냉장 컨테이너 역할을 해준 덕분일 것이다. 일본인 조사관들은 이 빙어선이 19세기 후반에 등장했다고 판단했는데, 그들은 '조선처럼 미개한 나라에 얼음을 한여름까지 보관할 수 있는 기술이 오래전부터 있었을 리 없다'고 생각했다. 하지만 빙어선은 18세기부터 활발하게 사용되었다.

빙어선은 주로 한양과 가장 가까운 합정의 포구에 머물렀다. 그곳을 근거지로 활동하던 정수(鄭燧)는 객주로서의 권리인 여객 주인권을 다른 사람에게 팔아버리고 쉬던 차에 합정의 포구로 들어오던 빙어선들이 근처에 있는 마포로 몰려가는 사실을 알아차린 뒤 이를 금지하는 소송을 제기했다. 영조 31년인 1755년 시작된 그 소송은 오랜 시간 이어졌다. 다른 포구의 주민들이 빙어선이 합정 포구에만 머무는 게 불합리하다고 반발했기 때문이다. 게다가 결정적으로 객주로서의 권리를 팔아버린 후였으니 상황은 정수에게 매우 불리했다. 결국 그는 소송을 이어가던 중 자신에게 불리한 판결을 받으면 임금이 행차를 가로막고 징을 울려서 억울함을 호소하는 격쟁(擊錚)까지 불사했다. 그러는 사이 소송은 30년 이상

지속되었고 결국 빙어선들은 합정 포구뿐 아니라 다른 포구에서도 자유롭게 정박할 수 있게 되었다.

빙어선의 정박을 둘러싼 합정과 다른 포구들 간의 오랜 갈등은 그만큼 조기의 수요가 많았음을 의미한다. 아울러 얼음을 실은 빙어선들이 대량으로 활동했다는 사실도 알 수 있다. 빙어선들은 경강의 포구들과 조기잡이 어선이 있는 수백 킬로미터의 바다를 오가며 엄청난 양의 물고기들을 운반했다. 냉장이 필요한 민어나 도미 등이 주종을 이뤘지만 싱싱한 상태의 조기도 운반했다.

빙어선의 등장은 여러모로 의미심장하다. 빙어선은 다른 상고선에 비해 적은 양의 물고기밖에 싣지 못했고, 당시로서는 상당히 고가였던 얼음도 싣고 가야 했다. 요즘 말로 비유하면 가성비가 좋지 않았던 셈이다. 그럼에도 빙어선이 등장했던 이유는 무엇일까? 바로 싱싱한 물고기, 소금에 절이지 않은 조기를 먹고 싶다는 욕구 때문이다.

앞서 설명한 대로 조기는 봄에 제주도 남쪽에서 출발하여 칠산 바다를 거쳐 연평도를 지나 압록강 부근의 대화도까지 이동했다. 그런데 빙어선은 조기의 최대 수요처인 한양과 근접한 연평도가 아닌 저 멀리 칠산 바다까지 내려가서 조기를 사들인 다음 얼음에 재어 싣고 온 것이다. 당시 상황으로서는 무리수일 수밖에 없었을 텐데도 이런 일이 벌어진 이유는 분명해 보인다. 돈을 더 주고서라도 하루 빨리 싱싱한 조기를 맛보고 싶다는 수요자의 욕구와 그 욕구를 맞춰주기만 하면 돈을 더 많이 벌 수 있다는 경강상인들의 계산 결과다.

남들보다 더 빨리, 싱싱한 물고기를 먹고 싶다는 욕구 덕분에 얼음을 싣고 경강의 포구를 떠난 빙어선들은 수백 킬로미터 떨어진 칠산 바다에 머물고 있던 어선에서 조기를 사들였다. 비단을 갖고 싶다는 서구인들의 욕구가 만들어낸 실크로드와 비교할 수는 없지만 나름대로 그들의 욕망이 조기로드를 만든 셈이다.

조기를 딸아 치우고

수산물 상인의 등장

어선에서 상고선을 거쳐 육지로 운반된 조기들은 객주들의 손에 넘어갔다. 본래 객주들은 배를 타고 온 장사꾼들이 머물던 숙박 시설의 운영자들이었다. 그러다가 장사꾼과 중간 도매상의 거래를 중개해주면서 차츰 자본을 축적해나갔다. 객주들은 지방에서 올라온 탓에 한양 물정을 모르는 장사꾼들을 대신해 물건을 팔아주다가 나중에는 물건을 직접 사들여 판매하는 식으로 장사의 규모를 키웠다. 그러는 사이 차츰 '신용'이 쌓이기 시작했다. 그들은 이 신용을 바탕으로 어음을 발행해서 자금을 융통했는데, 경강을 무대로 활동한 객주들은 아예 배를 사들여서 운송업에 직접 뛰어들어 자본을 축적하기도 했다.

조기는 쌀과 더불어서 객주들이 주로 거래하던 상품 중 하나였다. 조기를 비롯한 해산물을 거래하는 객주들은 '수산물 객주(水

産物客主)'라고 불렸다. 조기잡이 배들은 봄부터 북상하는 조기를 따라 먼 지역을 이동해야 했기에 상고선들 역시 먼 거리를 움직여야 했다. 이런 현상이야말로 당시 조기에 대한 수요와 공급이 얼마나 컸는지 잘 보여주는 사례라 할 수 있다.

물론 부작용도 있었다. 장거리 이동은 거래의 위험성을 높였다. 지금처럼 금융 시스템이 제대로 갖춰지지 않은 상태에서 오로지 신용 하나에 의존해 거래를 터야 했기 때문이다. 실패하거나 문제가 생기면 막대한 손해가 날 수밖에 없었기에 양측 모두 극도로 신중하게 일했다.

마침내 밥상으로

빙어선을 운영했던 객주들은 특히 신중에 신중을 기하지 않을 수 없었다. 조업을 하는 어선의 선주와 선원들과 친밀한 관계를 유지했고, 어선을 건조하거나 운행하는 비용의 일부를 보조하면서 일종의 지분을 차지하는 방법도 썼다.

거래가 이뤄지면 얼음에 재우거나 염장한 조기들이 객주들의 손으로 들어왔다. 조기를 손에 넣은 객주들은 중도아라고 불리는 중간 도매상들에게 조기를 넘겼는데 중도아의 손을 거친 조기는 이현(梨峴)과 칠패(七牌) 시장 같은 곳으로 흘러들어갔다. 그리고 마지막으로 한양 백성들의 밥상에 올랐다.

조기는 엄청난 위험을 무릅쓰고 먼 거리를 온 어부들에게 포획되었다. 수백 척의 배와 수천 명의 사람이 조기를 잡기 위해 저 멀리로 나아갔다. 그리고 최첨단의 보관법을 적용하여 수백 킬로미터 떨어진 곳으로 운반되었다. 불안한 금전 거래도 있었고 위험 요소도 많았지만 그럼에도 조기들은 싱싱한 상태로 혹은 소금에 잘 절여진 상태로 백성의 밥상과 제사상에 올랐다. 당시의 보관법을 오늘날과 비교하는 것은 전혀 의미 없는 일이다. 열악하고 조악했기 때문이다. 하지만 우리 조상들은 가장 과감하면서도 선진적인 방법으로 조기를 잡아서 전국 방방곡곡에 있는 밥상까지 운반했다.

조기의 변신은 무죄

: 생선을 보관하는 두 가지 방법, 절이기와 말리기

조기들은 산란하기 위해 얕은 바다에 머물면서 짝짓기를 한다. 그러다가 그물에 걸려 물 밖으로 끌려 나오는데 사람 손을 거쳐 육지로 실려 올 즈음이면 조기는 이미 숨이 멎은 상태가 된다. 그래도 사람들은 조금도 개의치 않았다.

육지에 내려진 조기들은 크기에 따라서 분류되었다. 지금은 세세하게 분류하지만 예전에는 값이 워낙 쌌기 때문에 세밀하게 분류되지 않았다고 한다. 물고기는 바다에서 끌어올려져 죽은 다음 바로 부패가 진행된다. 그 상태로 며칠 두면 도저히 먹을 수 없는 상태가 된다. 그래서 사람들은 애써 잡은 생선을 오랫동안 보존할 수 있는 방법을 강구해야 했다.

가장 손쉬운 방법은 소금에 절이는 것이고, 그나음으로 많이 사용한 것이 햇빛과 바람에 말려 저장하는 방법이었다. 생선을 소금에 절이면 미생물의 활동을 억제시켜 부패를 막을 수 있었다. 요즘처럼 교통이 편리하지 않고 냉장 보관 시설도 없던 시절에는 생선을 실온에 장기간 노출해도 부패하지 않는 방법을 찾는 게 급선무였다. 염장과 말리기, 이 두 가지 모두 죽은 생선의 부패를 막아서 오랫동안 보관할 수 있게 해주었다. 청어나 고등어는 주로 소금에 절여 보관했고, 명태는 햇빛에 말리는 방법을 많이 썼다. 덕분에 명태는 황태와 북어라는 새로운 이름도 갖게 되었다. 조기는 두 가지 방식을 모두 사용했다. 즉 먼저 소금에 절인 다음 바닷바람에 말린 것이다. 이렇게 하면 조기를 오랫동안 보관할 수 있었다.

조기는 임금부터 백성에 이르기까지 모두가 좋아하는 식품이었다. 전국 방방곡곡 어디에서나 인기가 높았다. 따라서 다른 생선들보다 더 오랫동안 부패하지 않게 보관해야 했기에 소금에 절인 상태에서 바람과 햇빛에 말리는 방식을 택한 것이다.

* 자연 해풍에 조기 말리기

⠇ 조기를 소금에 절이는 세 가지 방법

어부들은 조기를 크기대로 분류한 다음 소금에 절였다. 조기 입장에서는 엄청난 소금 세례를 받은 셈인데, 지역에 따라 조기를 절이는 방식도 달랐다. 가장 간단한 것은 소금을 직접 조기에 뿌리는 것이었다. 이 방법은 안동에서 간고등어를 만들 때 쓰이기도 한다. 그런데 단순히 소금을 마구 뿌리는 게 아니다. 항아리나 나무 상자에 조기를 넣고 소금을 뿌린 후 널빤지로 덮은 다음 무거운 돌로 눌러놓는다. 이렇게 하면 조기의 표면에 묻은 소금이 빨리 스며드는 효과가 있었다. 소금도 절약하고 절이는 시간도 줄일 수 있어서 일석이조였다. 하지만 소금을 골고루 뿌리지 못할 경우 부분적으로 부패가 일어났고 외형도 손상될 수 있었으므로 주의해야 했다.

조기를 절이는 또 다른 방법은 소금물에 직접 담그는 것이다. 조선시대에도, 그리고 그 이전 시기에도 사람들은 소금물을 채운 나무통이나 항아리에 조기를 넣고 열흘가량 절였다. 그러다가 일제강점기에 접어들어 조기의 수요가 대폭 늘어나자 시멘트로 거대한 간통을 만들어서 한꺼번에 절이는 방식을 택하게 된다. 소금물에 절이기는 가장 보편적으로 사용되는 방식이긴 했지만 시간이 오래 걸리고 소금을 계속 교체해줘야 한나는 난섬이 있었다.

또 다른 염장법도 있다. 조기를 용기에 따로 넣지 않고 바닥에 가마니를 깔고 그 위에 조기를 줄지어 놓은 다음 소금을 뿌렸다. 그리고 그 위에 다시 가마니를 덮고 조기를 올리고 소금 뿌리기를 반복하면서 차례로 쌓아올리는 방식이었다. 이렇게 해서 어느 정도 쌓이면 바깥쪽으로 가마니를 둘러서 바람이 통하게 못하게 했다. 이 방식은 조기가 대량으로 잡혔을 때 별도의 용기 없이 쓸 수 있는 것이어서 주로 법성포에서 많이 쓰였다고 한다.

⋮ 엮어서 말리기

어부들은 소금에 잘 절인 조기를 물로 깨끗하게 씻어 새끼줄로 엮었다. 이때 가장 큰 것을 딱돔, 그다음을 오가재비, 중간 정도 크기를 장대, 그리고 그 이하를 엮거리로 분류했다. 조기를 엮을 때는 반드시 크기가 같은 것끼리 모았고, 열 마리를 하나로 엮은 것을 한 갓이라 불렀다. 두 갓, 그러니까 스무 마리는 한 두름이라 불렀다. 이렇게 두 종류로 나눈 것은 걸대에 걸기 편하게 하기 위해서다. 예전에는 모든 크기의 조기들이 일괄적으로 스무 마리 한 두름으로 엮였지만 조기가 귀해진 요즈음은 상품으로 취급되는 딱돔과 오가재비와 장대는 다섯 마리를 한 갓으로 친다. 그러니까 열 마리가 한 두름이 되는 셈이다.

짚으로 엮인 조기들은 이제 마지막 건조 과정을 거치기 위해 굴대에 올려진다. 현지 주민들의 기억에 따르면 파시가 시작되면 법성포에는 소나무로 만든 걸대 수십 개가 세워졌다고 한다. 삼각형 모양으로 세워진 걸대는 홍송이라는 소나무로 만들었다. 걸대로 쓰는 소나무는 견고함을 유지하기 위해 바닷물에 담가났다가 꺼내서 사용했는데, 조기잡이 철이 시작되기 직전 바닷물에서 꺼내진 소나무는 삼각형 모양의 걸대로 변했다고 한다.

걸대는 2미터 정도 간격을 두고 기둥처럼 세웠는데 대개 5칸에서 10칸 정도였고, 큰 것은 길이가 20미터에 필적했다고 한다. 기둥처럼 세운 걸대의 중간 중간에는 횡목을 놓아 사람이 오르락내리락하며 조기를 걸 수 있게 했다. 두툼한 소나무를 엮어서 만든 굴대는 무려 8미터로 약 4층 높이에 이르렀는데, 좁은 장소에서 한꺼번에 많은 조기를 말리는 데엔 안성맞춤인 도구였을 것이다. 그런데 이 걸대가 무너지면서 사람이 깔려 사망하는 사고도 종종 벌어졌다. 그 크기가 얼마나 거대했는지 짐작하게 해주는 일화다.

거대한 걸대에 조기들이 줄줄이 매달려 바람을 맞는 광경은 정말이지 장관이었다. 비가 올 때는 짚으로 엮은 뜸을 걸대 위에 덮었는데 이렇게 하면 비는 막으면서 통풍을 시켜주는 효과가 있었다. 걸대에 걸린 조기들은 대략 2주 동안 밤낮으로 바닷바람을 맞으면서 서서히 건조되었다.

밤이 되면 사람들은 걸대 가운데 구덩이를 파고 숯불을 피웠다. 귀중한 조기를 지키기 위해 켠 보호등 같은 것이었는데, 숯불 연기는 조기를 잘 말리는 데 한몫했다. 이렇듯 바닷바람과 숯불 사이에서 천천히 건조되면서 조기는 차츰 굴비로 변신했다. 복잡하고 섬세한 과정을 거쳐 태어난 굴비는 그 이후로도 오랫동안 썩지 않았다.

굴비 말리는 풍경

조선시대 사림파 선비였던 김종직은 성종 18년인 1487년 전라도 관찰사로 임명되어서 임지로 내려간다. 영광 군수와 함께 법성포에 들른 그는 서봉에 올라갔다가 굴비 말리는 풍경을 보게 된다. 그 모습이 장관이었는지 김종직은 자신의 문집에 이때 목격한 풍경을 소상히 남겼다. '전국의 어선들이 모여들어 조기를 잡아 말리는데, 서봉 꼭대기까지 발 디딜 틈이 없을 정도로 수가 많아 일대 장관을 이루었다'고 말이다.

김종직이 조기 말리는 모습을 보고 풍경으로서의 아름다움을 느꼈다면 법성포 사람들은 생계 수단으로서의 고마움을 느꼈다. 배에서 내린 조기들을 손질하고 소금에 절여 걸대에 매다는 과정은 모두 법성포 아낙네들의 손길을 거쳐야 했는데, 이것이야말로 진정한 파시의 풍경, 즉 '파시풍'이 아니었을까?

＊ 연평도에서도 조기를 굴비로 만들었다. 일제강점기에는 좀 더 편리한 간통(콘크리트로 만든

시끄럽고 혼잡하면서도 지저분해 보이는 이 풍경 속에는 짧은 시간에 수억 마리의 조기들을 아무 문제없이 처리하고 유통시키는 정교하고 복잡한 시스템의 힘이 숨어 있다. 컴퓨터나 인터넷, 자동차도 없던 시절이었다는 점을 감안하면 정말이지 대단하다고 할 수밖에 없다.

이렇게 며칠 혹은 몇 달 건조된 조기들은 굴비라는 새로운 이름으로 재탄생해서 때로는 배에 실려 한양으로, 때로는 보부상의 어깨에 올라가 깊은 산골로 흘러들었다. 소금에 절여 바닷바람에 말린 굴비는 오랫동안 상하지 않고 보존할 수 있었으므로 마침내 누구나 쉽게 접하고 즐겨 먹을 수 있는 우리 민족의 최애 반찬이 된 것이다.

조기는 굴비로 재탄생하는 과정을 거치면서 크기가 많이 줄어들었지만 몇 개월 이상, 심지어 해를 넘기면서도 상하지 않게 되는 불가사의한 능력을 얻게 된다. 그 능력은 바로 냉장 보관 시설과 운송 체계가 없었던 시절에 조기를 오랫동안 보관하기 위해서 고심했던 흔적의 결과물이다. 냉장 보관 시설이 보편화된 오늘날에도 사람들은 조기보다 굴비를 더 즐긴다. 과학과 문명의 이기가

거대한 욕조 형태)에 조기를 붓고 인부들이 여기에 소금을 뿌리는 방식을 활용했다. 하지만 조기가 사라지면서 연평도의 간통들도 하나둘 사라졌다. 조기가 무려 10,000마리나 한꺼번에 들어가는 커다란 산봉노 있었다고 전해신나. 연썽노에서는 해안의 사길밭 위에 조기를 두어 뜨거운 햇빛을 맞으면서 굴비로 변신하는 쪽을 택했다. 짚으로 엮어 말리는 대신 한 마리씩 말려서 나중에 굴비가 되면 묶은 것도 법성포 굴비와 다른 점이다.

아무리 발달해도 오랫동안 유지해온 우리의 입맛, 더 정확하게 말하면 굴비가 주었던 추억의 맛을 바꾸지 못한 것이다.

: 메이드 인 조선

『조선왕조실록』을 보면 조기에 관한 흥미로운 기사를 하나 만날수 있다. 세종 11년인 서기 1429년 7월, 명의 사신인 창성과 윤봉이 와서 황실에 쓰일 해산물을 바치라고 요구했다. 이에 조선은 여러 가지 해산물을 보냈는데 거기엔 조기 1천 마리도 포함되어 있었다. 그런데 문제가 발생했다. 조기 1천 마리를 바쳤다고 적어야할 문서에 실무자의 실수로 1천 근이라 적힌 것이다. 이 시기는 태조 때처럼 명과 신경전을 벌이는 정도는 아니었지만 황제에게 바칠 문서가 잘못되었다는 것은 어마어마한 실수였다. 뒤늦게 이 사실을 발견한 좌대언(左代言) 허성(許誠)이 은밀히 사람을 보내 명으로 돌아가는 사신단을 따라가 몰래 문서를 바꿔치기하는 데 성공한다. 일이 끝난 후 지신사(知申事) 정흠지가 세종대왕에게 이 사실을 고하고 자리에서 물러나겠다고 말한다.

실록에는 짧고 간단하게 나와 있지만 결국 명의 황제에게 바치는 문서를 중간에 사신 몰래 바꿔치기했다는 것이다. 이때 보낸 조기는 먼 거리를 가야 했으므로 소금에 절여서 말린 굴비였을 것이 분명하다. 그 이후 성종 때에도 조기와 조기알로 담근 젓갈을 명으로 보냈다는 기록이 나온다. 중국 대륙을 휩쓴 한류의 열풍이 이때부터 시작된 것은 아닐까?

제5장

파도 위의 시장, 파시

이상한 시장

바다 위에 선 시장, 파시

우리가 알고 있는 전통적인 시장의 모습을 떠올려보자. 대개 골목을 중심으로 양쪽으로 다닥다닥 상점들이 붙어 있거나 정기적으로 며칠마다 서는 좌판 중심의 장터일 것이다.

조기를 사고팔던 시장인 파시(波市)는 어땠을까? 놀랍게도 파시는 바다 위에서 생겨났다. 국립국어원이 제공한 파시의 뜻은 "고기가 한창 잡힐 때에 바다 위에서 열리는 생선 시장"이다. 엉뚱하고 이상하지 않은가? 시장이 바다 위에서 열리다니! 게다가 조선은 한양을 제외하고는 상설시장조차 없어서 기껏해야 5일장에 의존하던 게 전부였다. 그런데, 인적 드문 바닷가 혹은 아예 사람이 살 수 없는 바다 한복판에서 조기를 사고파는 시장이 생긴 것이다.

파시는 조기의 생태적인 특성과 그것을 하루라도 빨리 먹고 싶어 했던 사람들의 욕망이 빚어낸 결과물이다. 특정한 기간에만 대규모로 잡을 수 있는 어종이라는 조기의 생물학적 특성과 그렇게 대량으로 포획한 것을 기꺼이 소비할 수 있는 시장, 그리고 이 양쪽을 연결하여 돈을 벌고자 했던 중간층이 있었기에 가능했다. 조기를 잡아온 어부는 물론 상고선을 운영하던 객주, 그들이 가져온 조기나 굴비를 먹는 사람들 모두가 '조기로드'라고 불릴 만한 유통 시스템의 구성원으로서 충실하게 움직였고 서로 혜택을 주고받았다.

한말(韓末)과 일제강점기에 파시를 연구했던 일본인 연구자들은 해상 거래 시장으로서의 파시의 본질을 파악하는 대신 파시 때 생겨난 임시 촌락에 무게를 두었다. 그리고 거기서 본 향락적인 모습이 파시의 전부라고 파악하는 심각한 오류를 저질렀다. 지금도 사람들이 파시를 한철에 모인 어부들과 장사꾼들의 난장판 내지는 유흥가로 기억하는 배경이다. 하지만 파시는 대량으로 어획된 조기와 그것을 소비하고자 한 욕망이 결합하여 만들어진 매매 시장이라는 것이 본질이다. 바다 위의 시장이었던 파시는 바로 그 시작점이었다.

잡는 사람 파는 사람 먹는 사람

파시의 주 종목은 원래 조기였지만 시간이 지날수록 다양한 품목을 취급하게 되었다. 민어와 새우를 비롯한 다른 어종을 사고팔기 위한 파시도 곳곳에 생겼는데, 일제강점기인 1930년에 이르면 전국적으로 파시가 약 93곳에 이른다. 남해안의 전라남도부터 압록강과 접한 평안북도까지 전국에 걸쳐서 수십 개의 파시가 생겨났다가 사라진 것이다. 다음에 소개할 대표적인 조기 파시 이외에 녹도와 개야도, 죽도, 용위도, 몽금포 등지에도 조기 파시가 있었다. 그 밖에 비록 기록으로는 존재하지 않지만 더 많은 파시들이 생겨났다 사라졌을 것이다. 싱싱한 조기를 먹고자 했던 소비자들이 존재하는 한 파시가 사라질 수는 없었다.

파시는 수많은 참여자들이 자기 몫을 하면서 짜 맞춘 퍼즐의 완성형이라 볼 수 있다. 그러나 파시의 핵심은 결국 해상에서 조기를 잡은 어선과 이것들을 운반하는 상고선의 거래에서 시작된 만남이다. 조기는 먼 바다에서 빠르게 움직이기 때문에 어선들은 잡은 물고기를 육지로 가져갈 시간이 없었다. 따라서 상고선이라 불리는 운반선이 조업 중인 어선을 찾아가서 직접 거래해야만 했다. 아울러 조기잡이 어선들이 모인 바다 근처의 포구에는 순식간에 거대한 시장이 생겨났고, 이들의 만남과 거래를 통해서 수백만 마리 단위로 잡히는 조기의 유통과 소비가 가능해졌다.

파시라고 불렸던 이 해상 시장은 오랜 전통을 자랑한다. 파시가 언세부터 생겨났는지 정확히 알 길은 없지만 『세종실록지리지』 영광군 편에 나오는 기록을 감안하면 조선 초기, 어쩌면 고려시대부터 존재했을지도 모른다. 그러니까 우리가 먹고 있는 조기나 굴비는 적어도 5백 년 전부터 대규모로 잡아들이고 팔린 셈이다. 맛있는 것을 먹고자 했던 인간의 욕망이 조기를 우리의 역사 속으로 끌어들인 것이다.

굴비의 고향, 법성포

파시평과 파시전

『세종실록지리지』영광군 편에는 다음과 같은 문구가 적혀 있다.

> 토산(土産)은 가는 대와 왕대, 그리고 석수어(石首魚)
> 즉 조기인데, 군의 서쪽 파시평(波市坪)에서 난다.
> 봄과 여름 사이에 여러 지역의 어선들이 모두 이곳에 모여
> 그물로 조기를 잡는데, 관청에서 그 세금을 받아서
> 국가 재정에 충당한다.

영광군의 특산품으로 조기를 꼽으면서 파시평에서 난다고 기술했다. 들판이라는 뜻의 '평(坪)'이 들어가 있기에 육지 어딘가의 지명을 연상시킨다. 덕분에 관련 연구자들 중에는 파시평이 육지의 지명이었다가 시간이 흐르면서 해상이나 바닷가에서 열리는 조기

183

거래 시장으로 의미가 변한 거라고 주장하는 사람도 있다. 비슷한 단어로 파시전(波市田)이 있어서 이런 추측에 무게감이 더해지기도 한다.

그러나 파시평에 대한 「지리지」의 추가적인 설명을 보면 그런 주장에 의문을 품게 된다. 봄과 가을에 여러 지역의 어선들이 모여서 그물로 조기를 잡는 장소가 육지일 리는 없기 때문이다. 따라서 평(坪)이나 전(田)이 의미하는 것이 들이나 밭이 아니라 산출지 혹은 잡히는 곳을 의미한다고 보는 견해에 주목하는 편이 옳지 않을까? 조기가 잔뜩 잡히는 것을 들판이나 밭에서 작물을 수확하는 것과 자연스럽게 비교하다 보니 평이나 전이라는 단어가 나왔고, 이것이 파시와 결합하면서 파시평과 파시전이라는 명칭이 등장했다고 보는 편이 더 자연스러울 것 같다는 뜻이다. 어쩌면 굴비의 산지인 법성포를 파시평이라고 불렀을 수도 있다. 하지만 법성포의 이름을 딴 수군 진성인 법성진의 명칭이 조선 초기부터 확인되는 점을 감안하면 그럴 가능성은 없어 보인다.

파시(波市)는 글자 그대로 '파도 위의 시장' 내지는 '파도가 치는 바닷가의 시장'이라는 뜻을 가지고 있다. 두 군데 모두 정상적인 상황에서는 시장이 설 만한 장소가 아니다. 따라서 이 모두 '조기 때문에' 바다 한복판이나 바다 인근의 포구에 생겨난 시장이라는 해석이 타당하다. 즉, 파시는 특정 지명이 아니라 조기의 거래가 이뤄지는 모든 장소를 지칭하는 것으로 봐야 한다. 『세종실록지리지』

영광군 편에 나온 파시평이나 파시전 역시 그런 명칭에서 파생된 단어일 것이다.

3~4월에 철쭉꽃이 피면 조기잡이 철이 시작되었다. 파시가 열리는 곳은 몇 군데가 있었는데 대표적인 장소가 바로 칠산 바다를 앞에 둔 법성포였다. 이곳을 지나는 조기들을 잡기 위해 전국 각지에서 수백 척의 배들이 몰려들어서 불야성을 이뤘다고 전해진다. 이 배들이 잡은 조기들을 사들이기 위해 또 수많은 상고선들이 몰려들었다. 특히 양력 4월 20일 무렵인 곡우를 전후해서 잡힌 조기는 산란 직전에 알이 꽉 찬 상태라 그냥 먹어도 맛있고, 굴비로 만들어서 먹어도 맛이 으뜸이었다고 전해진다.

⋮ 조기로드의 메카 법성포

법성포는 한말에도 굳건하게 그 위치를 지켰다. 고종 때 지도 군수를 지낸 오횡묵이 쓴 「지도총쇄록」에는 법성포의 장엄함이 잘 나와 있다. 지도는 전라남도 신안군에 속한 섬으로 지금은 육지와 연결된 것이다. 오횡묵은 "법성포 서쪽 칠산 바다는 배를 댈 곳이 없을 만큼 수천 척의 배들이 몰려 온다"라면서 "이곳에서 잡은 조기를 사고파는 금액만 수십만 냥에 이르는데 팔도 사람들이 모두 먹을 만큼 많은 조기가 나온다"고 적고 있다. 그는 계속해서 "매년 봄 칠산 바다 백여 리에 걸쳐서 조기 어장이 형성되는데 지도 군에 속한 칠산도에도 조기잡이 어선들이 몰려온다"고 썼다.

법성포의 조기 어장은 조선이 존속하는 내내 존재했음을 알 수 있다. 심지어 조선의 국운이 다한 후에도 없어지지 않았다. 그 오랜 기간 동안 법성포가 다른 지역들을 제치고 조기의 산지가 된 이유는 무엇일까?

가장 큰 이유는 지리적인 여건이다. 법성포 일대는 조기들이 머물기에 좋은 환경을 제공했다. 따뜻한 남쪽 바다에서 겨울을 난 조기들은 북쪽으로 올라가면서 산란했는데, 이를 위해 알들이 자리 잡을 수 있고 치어들이 먹이를 쉽게 구할 수 있는 갯벌과 모래가 적당한 곳으로 이동했다. 법성포는 구암천과 와탄천이 바다로 흘러가는 길목에 위치한다. 덕분에 두 하천에서 실려 온 펄과 모래가 법성포 앞바다에 쌓이면서 조기들이 산란할 수 있는 최적의 조건이 형성되었다.

물론 연평도나 대화도 인근 역시 조기 어장으로 손꼽힐 만한 비슷한 환경을 제공했다. 그러나 법성포는 육지라는 지형적인 이점을 가지고 있었다. 굴비로 가공만 하면 육지를 통해 얼마든지 유통시킬 수 있다는 점은 연평도나 대화도의 파시가 가지지 못한 크나큰 장점이었다.

"사람은 낳으면 서울로 보내고 말은 낳으면 제주로 보내라"는 이야기만큼 유명하지는 않지만 "아들이 과거에 합격하면 남쪽의 옥

'영광굴비'의 영광을 누린 법성포

당골로 원님을 보내라"는 조선시대 속담이 있다. 옥당골은 법성포가 있는 영광군을 뜻한다. 이런 속담이 나온 이유는 영광군이 넓은 평야와 조기가 많이 잡히는 바다를 동시에 가지고 있었기 때문일 터다.

조선시대 양반들은 사적으로 선물을 주고받으면서 부족한 생필품이나 진귀한 음식들을 맛보았는데 영광군의 원님이 되면 누구나 좋아할 만한 선물들을 많이 보낼 수 있다는 장점이 있었다. 또한 영광군에는 전라도 지역에서 세금으로 거둔 곡식을 보관했다가 한양으로 올려 보내는 조창이 있었기에 포구 역시 번성했다. 『댁리지』에는 "밀물이 되면 법성포 앞바나까시 물이 차오른다"는 대목이 나온다. 사람들이 이곳을 서쪽 호수라는 뜻으로 서호(西

湖)라고 부른 배경이다. 바다에 접해 있는 포구라더니 왜 뜬금없이 호수라고 하는지 의문이 생긴다면 네이버나 구글지도로 법성포를 확인해보면 된다. 생각보다 내륙으로 깊게 들어가 있다.

조선시대 포구들은 대부분 바닷가에 바로 붙어 있지 않고 법성포처럼 내륙이나 강 하구에 위치한 경우가 많았다. 바닷가에 바로 접안할 경우 파도와 바람 때문에 배가 파손될 수 있었기 때문이다.* 그리고 포구는 배의 정박과 내륙으로 물자를 운송하는 역할도 했다.

법성포 앞 바다인 칠산 바다는 남쪽 바다에서 겨울을 난 조기들이 북쪽으로 올라가는 통로였기 때문에 자연스럽게 조기잡이 어선들이 몰려들었고 파시가 형성되었다. 법성포의 객주들은 상고선을 운영하면서 어선들에게 생필품을 공급해주는 한편 어선에서 사들인 조기들을 소금에 절이고 바닷바람에 잘 말려서 굴비로 만들었다. 이렇게 한창 조기가 잡히는 봄이 되면 법성포에는 조기가 만들어낸 돈을 노리는 장사꾼들이 몰려들었다. 물론 법성포는 원래 한적한 어촌이 아니었지만** 조기잡이를 하는 철이 되면 이곳을 찾는 사람들은 유난히 많았다. 인구 이동이 많지 않았던 조선시대에는 대단히 특이한 일이었다.

---

* 지금이야 방파제를 쌓아서 막을 수 있지만 조선시대에는 불가능한 일이었다.
** 조선시대에 이미 수군진이 설치되었고, 인근 지역의 조세를 거둬서 보관하는 창고가 있었다. 법성포 북쪽에는 법성진성이 아직도 남아 있다.

조기는 조선시대 내내 법성포의 번영에 이바지했고, 그 활약은 일제강점기에도 이어졌다. 당시 일본인 연구자에 의하면 법성포 앞바다인 칠산 바다에서 나오는 조기가 전국에서 잡히는 조기의 약 70퍼센트를 차지했다고 한다. 조선시대 백성의 밥상에 오른 상당수의 조기들은 칠산 바다에서 잡혀서 법성포에서 굴비로 가공된 조기였음을 미루어 짐작하게 해주는 대목이다. 이들 덕분에 "법성포에서는 강아지도 돈을 물고 다닌다"라는 말이 나올 정도로 번창했다. 이 모습은 일제강점기와 해방 이후에도 이어진다.

조선은 사라져도 조기는 사라지지 않은 이유

조기잡이 어선들은 육지에 정박하지 않은 채 내내 바다 위에서 지냈지만 법성포에 자리 잡은 상고선들은 끊임없이 포구를 드나들었다. 사들인 조기들을 풀어놔야 했기 때문이다. 법성포 주민들은 산처럼 쌓인 조기를 소금에 절인 다음 바람에 말렸다. 조기를 안전하게 내륙으로 운송하고 팔기 위한 최선의 선택이었다. 소금에 절인 채 줄줄이 엮인 조기들은 해안가와 산기슭에서 바닷바람을 맞으며 천천히 말라갔다. 오늘날 우리들은 오직 영광의 법성포 굴비밖에 모르지만 한창때에는 전국에 수십 개의 포구에서 굴비를 소금에 절이고 말렸을 것이다. 그런데 유독 법성포 굴비만이 오늘날까지 남은 이유는 무엇일까?

관련 자료에서 가장 중요하게 꼽는 것은 '천혜의 자연조건'이다. 일정한 습도와 일조량, 그리고 일정하게 불어오는 바닷바람을 굴비를 만드는 최적의 조건으로 뽑았다. 조기를 절이는 데 필수적인 소금의 품질이 좋다는 점도 한몫했다. 영광군 인근은 예로부터 좋은 천일염이 생산되는 것으로 유명했는데, 지금도 법성포 굴비를 돋보이게 해주는 장점으로 이 천일염을 든다. 법성포가 있는 영광군은 조선시대부터 소금의 산지로 유명했고, 소금을 저장하는 염창도 있었다. 소금을 만드는 염간들도 천 명이 넘게 있었기에 확실히 다른 지역보다 품질 좋은 소금을 확보하기 쉬웠을 것이다.

그러나 서해안의 포구 중에서 습도와 일조량이 일정하고 바닷바람이 적당하게 불어오는 곳이 법성포만 있었을 리 없다. 넓은 갯벌이 없다고 해도 오늘날처럼 염전을 이용하는 방식이 아니라 바닷물을 퍼서 끓이는 방식이었으니 소금을 충분히 만들 수 있었다.

법성포가 굴비의 산지로 이름을 떨치고 명맥을 유지해온 진짜 이유는 '절박함'에 있었다. 법성포는 조기를 생산하는 다른 지역에 비해 주요 소비처인 한양과 거리가 멀었다. 법성포와 더불어 대표적인 조기 어장인 연평도의 경우 경강을 타고 올라가면 바로 한양에서 팔 수 있었지만 법성포의 경우에는 어디로 가든 시간이 많이 걸렸기에 보존 과정에 최선을 다할 수밖에 없었다. 법성포에서 남들보다 더 꼼꼼하고 신중하게 조기를 소금에 절이고 바람에 말

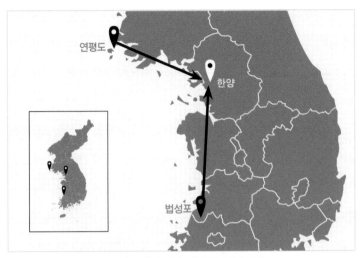

연평도에서 한양, 법성포에서 한양 간의 거리

렸던 이유다.

덕분에 법성포는 조선시대 내내 질 좋은 굴비의 산지로 명성을 떨쳤고, 한말을 거쳐 일제강점기로 접어들면서도 명맥을 유지했다. 한마디로 조선은 사라졌지만 조기는 사라지지 않았다. 나라 잃은 백성들도 조기와 굴비를 즐기는 입맛까지 잃지는 않았던 것이다.

밥상 위의 역사

1927년 5월 6일자 〈동아일보〉에 영광군의 수산업 종사자와 규모에 대한 기사가 실려 있는데, 기사에 따르면 수산업에 종사하는 집안이 1,150호이고 인원은 5,110명이다. 연간 생산액은 오십만 원이었는데 설비와 기구가 제대로 갖춰지면 더 많은 금액을 벌 수 있다면서 안타까워하고 있다. 조선이 사라진 후에도 조기들은 여전히 칠산 바다를 오가고 있었던 것이다.

다음 해 5월 5일자 〈동아일보〉 기사는 노동절을 맞이한 각 지역의 모습을 담고 있다. 법성포에서는 영광청년동맹 법성지부와 법성노동조합이 함께 행사를 진행했다. 약 2백 명의 참가자들은 노동자에게는 밥과 일을, 농민에게는 토지를 보장하라는 깃발을 앞세우고 행진을 벌였다. 이 기사에조차 조기잡이가 한창이라 여기서 조기들을 굴비로 만드느라 정신이 없다면서 전체적으로 명랑한 분위기라고 법성포의 분위기를 기록했다.

그 밖에도 법성포에 관한 신문기사의 대부분은 어획량이 상당하다는 것과 시세에 관한 내용들이었다. 하지만 조기를 등에 업은 법성포의 영광과 번영은 시간이 흐르면서 빛이 바랬다. 청어처럼 조기도 칠산 바다에서 사라져버린 것이다. 따뜻한 남쪽 바다에서 겨울을 보내다가 봄이 되면 힘차게 북쪽으로 올라오던 조기들이 칠산 바다로 올라오지 않았다. 날이 갈수록 성능이 좋아진 어군 탐지기와 그물 때문에 북쪽으로 가는 길은 죽음의 길이 되어버렸고, 이에 조기들은 얼씬도 하지 않게 되었다. 법성포에서는 이제 다른 지역에서 가져온 조기들을 가공해서 굴비로 만들고 있다. 칠산 바다의 조기는 사라졌지만 법성포가 여전히 굴비 산지로서의 명성을 잃지 않은 배경이다.

　법성포가 조기 파시들 가운데 첫 번째로 꼽히는 이유는 『세종실록지리지』에 언급되었던 15세기부터 1960년대까지 오랜 기간 명성이 유지되었다는 점이 크게 작용한다. 이자겸의 굴비 이야기에 신빙성을 둔다면 법성포에서 조기를 잡아서 굴비로 만든 것은 12세기지만 그 이전까지 소급할 수 있을 것이다. 거의 천 년간 한 지역에서 꾸준히 조기를 잡아들이고 굴비로 만들어서 전국 각지에 유통시켰다는 것은 단순히 상품을 판매하는 것 이상을 의미한다. 할아버지에게서 아버지, 그리고 자식에게 이어지는 입맛을 물려준 셈이기 때문이다. 김치를 단순히 즐겨먹는 음식이 아닌 우리와 함께 숨을 쉬어온 역사로 보는 이유와 같다. 법성포의 조기도 한국인의 밥상을 대표하고 전통을 보여주는 역사가 되었다.

청어에서 조기로, 위도 파시

어량소와 청어

전라도 부안 앞바다에 있는 위도는 중국 등지를 오가는 배들이 들르는 곳이다. 고려에 왔던 송나라 사신 서긍 일행도 이곳을 거쳐 갔다. 조선시대에는 수군이 주둔하면서 주변 해역을 감시했던 곳이기도 하다. 또한 이곳은 파시가 형성되었을 만큼 물고기가 많이 잡히던 곳인데 처음에는 조기 대신 청어를 잡았다. 『세종실록지리지』 부안현 편에는 다음과 같은 기록이 나온다.

어량소(魚梁所)가 두 개인데 위도(蝟島)에 있다.
주로 청어가 난다.

청어는 본래 과메기로 만들어서 먹을 정도로 흔한 생선이었다. 소(所)는 고려시대 때 생겨난 것으로 나라에 필요한 공물을 생산하거나 채취하는 구역이었다. 따라서 금과 은 같은 귀금속부터 숯에 이르기까지 다양한 물품을 취급하는 소가 있었는데, 이곳은 일반 행정구역으로 분리되지 않았다. 효율적인 관리와 생산을 위해 별도의 구역으로 나누어졌고 명칭도 특별했다. 소의 구성원은 해당 물품을 직접 생산하는 장인들과 부수적인 일을 도와주는 일반 백성들이었다. 하지만 부역이 과도했고 착취가 심했기에 다들 일을 기피했고 결국 조선 초기로 접어들면서 자취를 감추게 된다.

'어량소(魚梁所)'는 그런 소들 중 하나로 생선을 제공하는 곳이었다. 위도에 자리 잡은 것도 그 때문일 터다. 세종대왕 시기에는 위도에 어량소가 있었고 여기서 잡은 청어는 당연히 나라에서 징수해갔다. 그러다 어느 순간 어량소는 사라졌지만 위도 사람들은 여전히 청어를 잡아서 생계를 유지했다. 『조선왕조실록』에 나오는 것처럼 임금이 신하나 대마도 도주에게 하사했던 마른 청어의 일부는 위도 사람들이 잡아서 말린 것이다.

19세기 중반 위도에는 1,000호에 달하는 가구가 살고 있었다. 최소한 5천 명 이상의 사람들이 살고 있었다는 뜻인데 섬의 대부분이 경사가 심한 지형임을 감안하면 농사를 짓기 어려운 곳이었다. 따라서 이곳 주민들의 상당수는 청어잡이를 통해서 생계를 유지했을 것으로 보인다. 위도에는 청어를 둘러싼 몇 가지 재미있는 전설들이 전해진다.

조선시대 청어잡이로 큰돈을 번 어느 부자가 위도와 근처에 있는 작은 섬인 정금도 사이에 엽전으로 다리를 놓겠다고 했다. 돌이나 나무도 아니고 엽전으로 다리를 만들겠다고 큰소리를 쳤다고 하니 분명 청어로 엄청나게 많은 재물을 모았던 사람이 위도에 살고 있었으리라. 실제로 이 부자는 흉년이 들었을 때 수천 석의 쌀을 가난한 사람들에게 나눠준 적이 있다고 한다. 하지만 위도 근처에 있는 왕등도에서 금빛이 반짝거리는 것을 금광이라고 생각한 부자는 금을 캐기 위해서 모든 재산을 쏟아 부었다가 몰락했다고 전해진다. 덕분에 위도와 정금도를 잇는 엽전다리는 놓이지 않았다. 위도에서는 이 부자를 숙종의 총애를 받던 장희빈의 숙부 장찬이나 그의 후손으로 보고 있다.

위도의 조기 파시

청어로 명성을 떨치던 위도에서 조기 파시가 열린 이유는 무엇일까? 어느 순간 청어가 사라져버렸기 때문이다. 이런 마법 같은 일이 벌어진 원인으로 수온의 변화를 꼽고 있다. 본래 청어는 조기, 대구, 명태와 더불어 조선 연근해에서 가장 많이 잡히는 생선이었다.

---

* 실제로 역관 신분이었던 장찬이 길 옆에 크고 사치스러운 누각을 지었다는 이유로 감옥에 갇히고 누각이 헐린 일도 있었다.

『조선왕조실록』에는 임금이 신하들이나 대마도 도주에게 마른 청어를 하사하거나 제사 때 올리는 모습이 종종 등장한다. 청어가 이렇게 흔했던 것은 나머지 생선들이 특정 지역에서만 잡혔던 반면 청어는 동해와 서해, 남해 어디서나 대량으로 잡혔기 때문이다. 하지만 수온에 따라 변동이 심했기에 어획량이 늘었다가 줄어드는 것을 반복하다가 19세기 후반, 소 빙하기가 끝나고 수온이 높아지면서 조선의 바다에서 사라져버렸다. 좀 더 추운 바다를 찾아서 산동반도 근처로 옮겨간 것이다.

사라진 청어 대신 꽁치로 과메기를 만든 것처럼 위도 사람들은 조기를 잡기 시작했다. 어쩌면 청어를 잡던 시기에도 조기를 잡았을 수 있다. 위도는 서해안 제일의 조기 어장이었던 칠산 바다에서 북쪽으로 25킬로미터 떨어진 곳에 있었으니 조기와도 친숙했을 것이다.

하지만 위도가 조기 파시로 명성을 떨친 것은 여타 파시들보다 상당히 늦은 시기였다. 일본인 연구자들 중에는 칠산 바다와 법성포에서 열린 파시가 사실은 이 위도 파시라고 주장하는 사람도 있다. 그러나 『세종실록지리지』 영광군 편에 나오는 파시평은 법성포의 서쪽이라고 못 박았으니 북쪽에 있는 위도일 리 없다. 하지만 근대나 일제강점기의 파시나 조기 관련 기록을 보면 칠산, 법성포와 더불어 위도를 파시가 열리는 장소로 손꼽았음을 알 수 있다.

위도에서 열린 조기 파시에도 수많은 일화들이 전해진다. 조기잡이가 한창일 때는 위도 근방에 일본 어선까지 가세해서 1,000척이 넘는 배들로 북적거렸다고 한다. 이 배에 탄 어부들만 수천 명에 달했으므로 위도 역시 사람들로 북적거렸다. 이들을 상대하기 위해서 장사꾼과 여인들이 위도로 몰려왔는데, 이들은 길가나 해안가에 양철판이나 널빤지로 임시 가옥을 만들고 장사를 했다. 손님이 뜸해지면 이들은 가옥을 해체해서 배에 싣고 다른 파시를 찾아서 떠났는데 위도에 남아서 계속 장사를 한 상인들도 적지 않았다.

이것은 위도 파시가 칠산이나 법성포 파시 못지않은 규모를 자랑했음을 보여주는 사례들이다. 특이하게도 위도 파시는 섬 안에 몇 군데를 옮겨 다녔다. 처음에는 섬 서북쪽의 치도리(雉島里)를 거쳐서 북쪽의 파장금항(波長金港)에 자리를 잡았다고 전해진다. 학자에 따라서는 파장금항 아래 진리라는 지역에서도 파시가 열렸다고 보기도 한다. 위도와 정금도 사이의 수심이 얕은 바다에서 조기잡이가 이뤄졌다는 노인들의 증언을 토대로 한 주장이다. 하지만 진리에서는 파시가 열리지 않았고, 그냥 배들이 태풍을 피해 잠시 머물렀던 것에 불과하다는 주장도 있다.

⋮ 치도리의 파시

위도의 파시는 1920년대와 1930년대를 거치면서 섬의 서쪽에 있는 치도리에 자리 잡은 것으로 보인다. 조기잡이를 하는 배들이 늘어나면서 진리와 정금도 사이의 바다가 너무 혼잡해졌고, 안강망을 사용하면서 깊은 수심에 있는 조기들을 잡을 수 있게 되었기 때문에 좀 더 수심이 깊고 앞바다가 넓은 치도리로 옮겨간 것으로 추정된다. 꿩을 닮았다고 해서 치도리(雉島里)라고 불리는 이곳은 위도의 산줄기가 서쪽에서 불어오는 바람을 막아주고 앞 바다가 탁 트여 있어서 더 많은 조기잡이 배들이 모여 그물을 내릴 수 있었다. 물론 이곳에도 예외 없이 장사꾼과 여인들이 몰려들었다. 이들은 약 두 달 동안의 조기잡이 철에 자리를 잡고 장사에 열을 올렸다.

치도리에 내린 선원들은 고향에서 온 사람이 운영하는 술집을 드나들었다. 한쪽이 일본인 장사꾼들의 구역이라면 그 옆은 원산 지역에서 온 장사꾼이 자리를 잡았고, 맞은편에는 진도에서 온 주인이 하는 술집이 있는 것이다. 위도 파시의 가장 큰 특징은 조기잡이 철이 지나도 어선들이 계속 드나들었기 때문에 규모가 줄어도 임시 촌락이 유지되었다는 점이다.

한창 떠들썩했던 치도리의 파시도 1930년대에서 1940년대를 넘어가는 어느 시기인가에 더 북쪽에 있는 파장금항으로 옮겨진다. 파장금항은 지금도 격포에서 위도를 정기적으로 오가는 페리선이 드나들 정도로 수심이 깊은 곳이다. 치도리 근처 해역보다 더 수심이 깊은 이곳에 파시가 생겨난 이유 역시 어구의 변화 때문이나. 안강망이 더 커지고 엔진을 갖춘 동력선이 늘어나면서 수심 깊은 곳에서도 조업이 가능해졌기 때문이다. 조기잡이 경쟁이 치열해지고 기술이 발달하면서 더 깊은 곳에 있는 조기들로 손을 뻗은 것이다.

치도리에서 옮겨온 임시 촌락들은 고스란히 파장금항의 해안가로 옮겨왔다. 다른 곳과 달리 이곳에 만들어진 상점들은 양철과 널빤지로 만든 가건물이 아니라 제대로 만든 건물에 자리 잡았다. 명월관이나 옥루 같은 이름이 적힌 간판을 내걸고 장사를 했다고 전해진다.

어느 지역이든 위도에서의 파시는 큰 규모였다. 이곳이 다른 지역의 파시보다 유리했던 점은 칠산 바다와 연평도의 중간에 있다는 점이었다. 따라서 칠산 바다에서 조기를 잡던 어선들은 북상하는 조기떼들을 따라 위도에 와서 4월에서 5월 하순까지 조기를

꿩을 닮았다고 해서 '치도리'라 불린 이곳에서도 조기 파시가 열렸다

잡다가 다시 북쪽의 연평도로 떠났다. 일부 남은 어선들은 섬 북쪽으로 이동해서 갈치 등을 잡기도 했다. 연평도에서 조기를 잡던 어선들도 다시 남쪽으로 내려오면서 위도에 들렀다. 절묘한 위치에 자리 잡았던 탓에 파시가 열리던 두어 달뿐 아니라 다른 때에도 어선들이 드나들었다.

⫶ 위도 파시의 추억

일제강점기에 접어들면서 위도 파시는 본격적으로 커지게 된다. 이때 위도 근처에 있는 식도라는 섬에는 송씨 성을 가진 부자가 있었다. 송 부자는 안강망을 사용하는 어선과 엔진을 갖춘 동력선을 사용하는 상고선을 여러 척 가지고 있었다. 조기잡이로 얼마나 돈을 많이 벌었는지 선창에 금줄을 치고 돈을 펼쳐서 말렸을 정도라고 한다. 그는 이렇게 모은 돈을 항아리에 넣어서 보관했는데 곰팡이가 슬자 마을 사람들에게 품삯을 주고 한 장씩 물로 씻어낸 다음에 빨래를 말리는 것처럼 줄에 걸어서 말리게 했다.

송 부자의 유일한 취미는 해가 질 때쯤 왕등도가 잘 보이는 언덕에 올라가서 하인이 지게로 짊어지고 온 유성기를 틀어서 노래를 듣는 것이었나. 나른 시역의 파시가 수로 외지인이나 일본인들이 돈을 벌고 쓰는 것이었다면 위도 파시는 섬사람들이 주도적으로 나섰던 것으로 보인다.

위도에서는 주로 어살이나 주벽, 중선망 등을 이용해서 조기를 잡았다. 해안가에 고정시켜놓고 조기를 잡는 어살이나 주벽은 물론 전통 그물 중에서 가장 많은 조기를 잡을 수 있는 중선망까지 다양한 형태의 어로 도구들이 사용되었다. 이 사실만 보아도 주변 해역에 얼마나 조기가 풍부했는지 알 수 있다.

위도 파시는 해방 후에도 명맥을 유지한다. 하지만 점차 조기가 줄어들었고, 그 자리를 삼치와 고등어 등이 대신했다. 덕분에 1980년대까지 삼치 파시가 명맥을 이었지만 얼마 후에는 그마저도 없어져버린다. 조선시대에 수천 명이 북적거리던 섬이 이제 한적하고 조용한 섬이 되어버린 것이다. 파시의 기억을 곳곳에 간직한 채로 말이다.

일천 척의 배들이 모여든 연평도 파시

연평도의 조기잡이

흔히 흑산도, 법성포, 연평도를 3대 파시로 꼽는다. 그중 연평도는 가장 북쪽에 있는 어장으로서 조기의 최대 수요처인 한양과 가깝다는 장점이 있었다. 역시 『세종실록지리지』 해주목 편에 조기에 관한 언급이 나온다.

토산(土産)은 조기다. 남쪽 연평평(延平坪)에서 주로 잡히는데 봄과 여름에 여러 곳의 고깃배가 모두 이곳에 모이어 그물로 잡는다. 관에서 그 배들에게 세금을 거두어 나라의 재정에 충당한다.

영광군 편의 기사와 서의 비슷한 이야기나. 파시평과 비교할 수 있는 연평평의 존재도 보인다. 연평도 파시 역시 법성포의 파시 못

203

지않은 규모를 자랑했다. 법성포와 다른 점은 굴비에 관한 이야기는 찾아볼 수 없다는 것이다. 가까운 제물포 지역으로 옮겨져 굴비로 만들어지거나 아니면 빙어선들이 얼음에 담가 싱싱한 상태로 한양으로 실어갔기 때문인 것 같다. 굳이 장기 보관을 위해서 굴비로 만들 필요가 없었다는 뜻이다. 조선시대 요리서인 『규합총서』도 연평도 조기를 특산물 중 하나로 꼽고 있는데, 이를 보면 조기는 모두에게 익숙한 음식 재료였던 것으로 보인다. 덕분에 조선시대에는 수백 척의 어선과 상고선들이 모여들면서 섬 전체가 외지 사람들과 배들로 북적거렸다.

연평도의 조기잡이는 남쪽의 칠산 바다보다 조금 늦은 4월부터 시작되었다. 5월과 6월에 절정을 이뤘는데, 철이 되면 전국의 조기잡이 어선들이 몰려들었다. 개중에는 칠산 바다에서 조업을 했던 조기잡이 어선들도 많았다. '물 반 고기 반'이라는 말이 농담이 아니었던 시절, 조기를 잡는 사람들, 그리고 그 사람들의 주머니를 노리는 사람들 모두가 행복했다. 조기는 가히 바다 속의 움직이는 황금이라고 부를 만했다.

: 조기 따라 어부 따라 봄날은 간다

이곳 파시도 법성포 파시와 비슷한 풍경이었다. 조기잡이 어선과 상고선이 만나서 거래하고 나면 돈과 바뀌진 조기들이 그대로 인천으로 가거나 혹은 연평도로 실려 왔다. 연평도는 법성포에 비해 거주민들의 숫자가 적었다. 1934년 6월 4일자 〈동아일보〉 기사에는 불과 2백여 호, 1,000명의 인구가 사는 연평도에 조기잡이 철인 4월부터 6월까지 거주민이 무려 20,000명에 달한다고 나온다. 멀리 일본에서부터 온 배들도 1,000척이 너끈히 넘었다. 그래서 연평도 뱃노래 중에는 "조기를 잡으러 가는 게 아니라 돈을 실으러 가자"는 구절이 있을 정도였다.

태평양전쟁이 한창일 때에도 오히려 연평도에는 조기잡이 배들로 북적거렸다. 우편국과 전신국, 경관출장소까지 설치되었다. 매년 연평도에서 잡히는 조기의 판매 금액이 백만 원에 달한다는 신문 기사를 보면 법성포와 비교할 정도로 거대한 파시였음을 알 수 있다.

연평도 파시의 독특한 풍경을 만든 사람들은 두둑해진 어부들의 주머니를 노리고 몰려든 장사꾼과 여인들이었다. 이들은 연평도 조기잡이 철이 시작되기 직전 섬으로 들어와서 섬 주민들의 집에 세를 들거나 임시가옥을 짓고 장사를 준비했다. 해안가에는 이런 임시가옥들이 빼곡하게 들어서서 흡사 난민촌을 연상시켰다고 한다. 조용하던 연평도 안에 술집과 음식점은 물론 여관과 이발소, 카페까지 생겨났고, 낭자군이라는 점잖은 별명으로 불린 술집 여인들도 백여 명에 달했는데, 이 숫자는 시간이 지나면서 점점 늘어났다고 한다. 조기를 잡으러 어부들이 몰려오고, 그 어부들을 따라 여인들이 온 것이다.

한적한 어촌 마을이 순식간에 향락과 유흥의 도시로 변해버린 것은 오로지 조기라고 불린 생선 때문이었다. 덕분에 연평도 파시는 법성포 파시와는 사뭇 다른 풍경을 연출했다. 조기잡이가 한창인 시절에는 연평도에서 근처의 당섬까지 배만 밟고도 건너갈 수 있다는 얘기가 있을 정도로 배들이 모여들었다. 덕분에 연평도에는 조기잡이가 벌어지는 두 달 동안 온갖 아수라장이 펼쳐졌다. 언뜻 보면 다 쓰러져가는 허름한 움막이 술집이라는 간판을 걸어놓고 선원들을 유혹했다. 조선 기생과 일본 게이샤의 간드러지는 웃음소리가 그물을 당기느라 지친 선원들의 어깨 위에 나비처럼 내려앉았다.

이때가 되면 연평도 사람들도 바빠졌다. 돈을 받고 조기를 말려주거나 나무와 땔감을 팔기도 했다. 섬의 아낙네들은 밤새 퍼 올린 우물물을 머리에 이고 배를 돌아다니면서 팔았고, 약삭빠른 섬사람들은 선원들이 좋아하는 술을 담가서 팔기도 했다. 잠깐 동안 뜨내기손님들을 상대하는 장사였기 때문에 다들 어떻게든 이익을 남기기 위해서 아등바등했다. 그래서 파시가 아니라 작사(作

詐)라고 부르기도 했다. 작사는 거짓 혹은 사기를 친다는 뜻인데, 두 달간의 아수라장을 경험했다면 그렇게 생각하는 이들이 당연히 많았을 것이다. 한편, 연평도에 온 여인이나 장사꾼들은 오히려 태풍이 불어주기를 바랐다. 그래야만 조기를 잡지 못해서 무료해진 선원들이 찾아왔기 때문이다.

⋮ 북쪽 바다를 포기하다

연평도 파시는 해방 직후의 혼란 속에서 1,300척의 배와 3만 명의 어부들이 몰려들 정도로 활황세를 누렸다. 이 시기에는 염장할 소금을 구하지 못해서 발을 동동 굴렀을 정도로 조기가 잘 잡혔다. 1950년대와 1960년대에도 연평도의 조기잡이는 명맥을 유지했다. 오히려 일제강점기나 한말보다 더 호황을 누렸다. 한꺼번에 많이 잡을 수 있는 안강망을 사용하고 바람이나 노를 쓰지 않고도 움직이는 동력선이 도입되면서 조기를 잡을 수 있는 기술들이 계속 늘어났기 때문이다.

연평도 파시 혹은 작사는 계속 호황을 이어갔고, 그 결과 연평도에는 거지와 사기꾼, 깡패와 연예인들까지 다양한 인간 군상이 보여들게 되었다. 모래사장에는 카바레가 세워졌고, 곡마단도 찾아와서 공연을 했다. 사람들이 웃고 술을 마시면서 춤을 추는 옆에는 깊은 바다 속에서 끌려 나와 바짝 말려지는 조기들이 있었다. 바다 위의 시장인 파시는 이렇게 한 해 수억 마리씩 죽어가는 조기들 덕분에 가능했다.

그런 의미에서 1959년의 사라호 태풍은 조기들의 복수일지도 모르겠다. 한반도에 상륙한 태풍 중에서 가장 악명 높았던 사라호는 연평도에 큰 상처를 남겼다. 인명 피해와 재산 피해가 어마어마했다. 하지만 태풍 사라호가 지나간 다음에도 어부들은 여전히 조기를 잡으러 연평도에 들어왔다.

연평도 파시는 1960년대까지 호황을 누렸고, 1980년대까지 명맥을 유지했다. 하지만 두 가지 요인으로 인해서 쇠락하고 말았다. 우선 한국전쟁으로 인해 남북이 분단되면서 연평도는 졸지에 최전선이 되어버렸고, 자연스럽게 어로 활동에 제약이 가해지면서 타격을 받았다. 연평도 인근 해역 중에서 가장 조기가 잘 잡힌 곳은 북쪽 해주만 인근이었다.

일제강점기와 해방 후 한국전쟁 직전까지는 어로 활동을 하는 데 별 문제가 없었다. 하지만 한국전쟁이 끝난 후 이 지역은 대부분 북쪽에 속하고 말았다. 바다에도 NLL(Northern Limit Line, 北方限界線)*이 그어지면서 넘을 수 없는 선이 생긴 것이다. 하지만 철책

---

* 유엔군사령관 클라크 장군이 1953년 8월 30일 휴전 후 정전 협정의 안정적 관리를 위하여 설정한 남북한의 실질적인 해상경계선이다.

과 지로로 막혀 있는 육지와 달리 바다에는 아무것도 없었다. 어선들은 조기를 잡기 위해서 NLL을 수시로 넘었다. 결국 1955년 북한의 공격으로 조기잡이 어선들이 큰 피해를 입는 일이 발생했고, 해경과 해군의 강력한 단속으로 조기잡이 어선은 어로 한계선을 넘지 못하게 되었다. 그러면서 차츰 조기와 멀어지게 된다.

또 한 가지 원인은 조기 그 자체에 있었다. 죽음의 덫이나 다름 없는 칠산 바다를 지나 연평도까지 올라왔던 조기들이 자취를 감춘 것이다. 원래 조기들은 5년 정도 자란 후에야 산란을 할 수 있었다. 조기들이 봄에 북쪽으로 올라오는 것도 적당한 산란지를 찾기 위해서였다. 하지만 거듭된 남획으로 인해 위험성이 높아지자 조기들은 아예 북쪽 바다로 올라가는 걸 포기해버리고 남쪽에 머무르고 말았다. 연평도에서는 조기가 자취를 감추었고, 연평도 파시도 막을 내렸다.

해주만

마지막 전성기, 흑산도 파시

흑산도 파시 전성시대

법성포 파시가 조선시대 파시의 주역이었다면 한말과 일제강점기의 파시 주인공은 연평도였다. 그러나 마지막 영광의 자리를 차지한 것은 남쪽 바다에 있는 섬, 흑산도다.

정약용의 형 정약전이 귀양을 와서 『자산어보』를 썼던 흑산도는 수많은 섬을 거느린 큰 섬이었다. 아울러 따뜻한 남쪽 바다에서 겨울을 보낸 조기들이 북쪽으로 올라가기 위해 거쳐 가는 곳이기도 했다. 법성포와 연평도가 육지였거나 혹은 육지와 가까운 섬이었기 때문에 비교적 눈에 띄었던 반면 흑산도는 먼 바다의 섬이었기에 상대적으로 눈에 띄지 않았다.

조기를 아무리 많이 잡는다고 해도 그 시대의 기술로는 육지까지 제대로 운반하기 어려웠다. 하지만 해방 이후 분단이 되면서 연평도 파시가 타격을 입고, 냉장 기술이 발달하자 흑산도 파시는

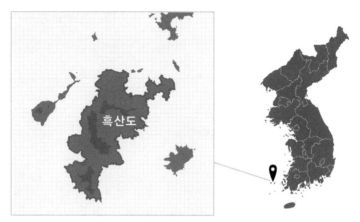

조기 파시의 마지막 영광, 흑산도 파시

전성기를 맞이한다.

흑산도는 다른 조기 어장들보다 남쪽에 있었기 때문에 비교적 이른 시기인 1월부터 조기잡이가 시작되어 조기들이 북쪽으로 올라가는 3~4월까지 조업을 했다. 그 이후에는 고래와 고등어 잡이가 성행했다. 연초의 조업은 축제 분위기에서 시작되었다. 그해의 첫 번째 조기잡이 즉 가장 빨리 잡은 조기라서 비싼 값에 팔 수 있었기 때문이다. 특히 1966년은 해방 이후 최대의 풍어라는 말이 나왔을 정도로 조기가 많이 잡혔다. 조기를 가득 잡은 어선들이 만선을 뜻하는 깃발을 꽂고 북과 꽹과리를 치면서 예리항*으로 들어왔다고 전해진다. 이해 1월부터 4월까지 잡은 조기가 무려 4,580톤,

---

211

1천5백만 마리, 그리고 흑산도 어업조합의 수매가만 3억4천5백만 원에 달했다고 하니 그 규모가 짐작되고도 남는다.

: 새도 돈을 물고 다녔지만

예리항에는 조기잡이 어선을 타고 온 수천 명의 선원들과 이들을 노리고 온 사람들로 북적거렸다. 한창 때의 예리항은 명동보다 더 북적거렸다고 한다. 번뜩이는 네온사인 아래 술에 취해 비틀거리는 선원들의 긴 그림자가 휘적거리기 일쑤였으니 이곳의 파시 풍경도 다른 곳과 비슷했다.

뜨내기손님들을 상대로 하는 한철 장사는 필연적으로 속임수와 바가지를 동반했다. 하지만 그런 속임수들이 용인될 정도로 흑산도 파시는 흥청거렸다. 특정 지역이 호황일 때 흔히 쓰는 '개도 돈을 물고 다닌다'는 표현을 넘어 이곳에서는 '새도 돈을 물고 다닌다'는 말이 나올 정도였다.

위태로운 바다 위의 시장은 욕망에 휘청거렸다. 한적하고 고요했던 장소는 조기들이 찾아오면 욕망이 들끓는 파시로 변했다. 조기를 잔뜩 잡은 배들은 무게를 못 이겨 휘청거리면서 항구로 들어왔다. 그러면 사람들이 부둣가로 몰려와서 그들을 맞이했다.

흑산도는 다른 지역보다 이른 시기에 조기를 잡을 수 있다는 장점이 있었다. 첫물 조기는 비싼 값을 받을 수 있었고, 파시의 시작을 알렸기 때문에 사람들을 들뜨게 만들었다. 물론 그물 속의 조기들에게는 생을 마감하는 시간이었겠지만 말이다.

흑산도 파시는 다른 파시들보다 비교적 늦게까지 명맥을 유지했다. 북쪽으로 올라가지 않은 조기들이 그나마 흑산도까지는 발길을 내디딘 탓이다. 하지만 세월이 흐르면서 잡히는 조기들의 양은 줄어들었고, 1970년대 후반의 반짝 전성기를 끝으로 흑산도 조기 파시도 막을 내렸다.

어부들을 상대로 하는 장사치들은 풍어보다 조업을 하지 못하는 상황을 더 반겼다. 그래야만 무료해진 어부들이 술집을 기웃거렸기 때문이다. 거칠고 난폭한 어부들과 그들의 주머니를 노린 알팍한 장사꾼들의 만남은 필연적으로 욕설과 주먹다짐을 불러왔다. 파시에서 벌어진 각종 사건 기록들을 보면서 문득 '이것은 조기의 복수가 아닐까?'라는 생각이 들었다.

조기는 알을 낳기 위해 헤엄쳐가다가 앞을 가로막은 그물에 붙잡혀서 배 위로 끌어 올려진다. 사람들은 헐떡거리는 조기의 입과 아가미에 억지로 소금을 쑤셔 넣고 짚에 엮어서 낯선 육지에 매달아 놓는다. 몇날 며칠, 평생 본 적 없는 해와 달을 보면서 조기들은 미라처럼 바짝 말라갔다. 그리고 또 육지로 팔려갔다. 조기 입장에서는 봉변도 이런 봉변이 없는 셈이나. 그래서 조기는 자신을 괴롭힌 사람들에게 고통을 남겨주고 떠난 것이 아닐까?

213

조기의 황혼, 사월포의 파시

조기 대신 부세

'꿩 대신 닭'이라는 이야기가 이럴 때 적용될지도 모르겠다. 연평도
와 법성포, 흑산도 파시가 여러 가지 이유로 쇠락해지던 1960년대,
전라남도 신안 앞바다에 있는 자은도 라는 섬에 조기잡이 어선 수
천 척이 모여들었다. 조기의 사촌 격인 부서, 혹은 부세라고 불리
는 물고기를 잡기 위해서다.

　본래 자은도는 독살이라 불리는 어로 도구를 통해서 물고기를
잡았다. 조수간만의 차가 심한 해안가에 돌을 담처럼 쌓아서 물고
기들을 잡는 방식이다. 대나무나 나무를 이용한 어살보다 조류에

---

*　'자은(慈恩)'이란 섬 이름은 임진왜란 때 지원을 왔던 명의 이여송 휘하의 두사춘이라는 사람
이 반역자로 몰려 이곳에 피신해 목숨을 건지게 된 데서 유래했다. 두사춘은 생명을 보전함을 감
사히 여기고 주민들의 사랑과 은혜를 못 잊는다는 뜻으로 '자은도'(자애롭고 은혜롭다)라 불렸다고
한다.

더 잘 버틸 수 있고, 반영구적이라는 장점을 가지고 있다. 자은도 주민들은 이 독살로 숭어와 복어, 새우 등을 잡았다. 그 밖에도 한국전쟁 직후 조성된 염전이 섬 주민들의 주요 소득원이었다.

조기와 거리가 멀던 이 섬에 조기잡이 배들이 몰려든 이유는 바로 부세 때문이다. 남획과 어로 구역 조정 때문에 조기의 씨가 마르자 사촌 격인 부세가 갑자기 조명을 받은 것이다. 사실 조기와 부세는 어부 같은 전문가나 구분할 수 있을 만큼 닮았는데, 지금은 거의 같은 종류로 취급받는다. 심지어 이 부세조차 모자라서 가격이 올랐다는 점을 감안하면 왜 수천 척의 조기잡이 배들이 부세를 잡으러 자은도 앞바다까지 몰려왔는지 이해할 수 있을 터다. 1960년대 들어서 다른 지역의 파시에서 철수한 조기잡이 배들은 마지막 남은 파시인 흑산도나 이곳 자은도로 와야 했다. 사람들은 여전히 조기를 찾았고, 수요가 있는 한 공급은 영원해야 했기 때문이다.

사월포에 4월이 오면

원래 네 가구 정도만 살던 사월포에는 글자 그대로 4월이 되면 조기잡이 배들이 몰려들면서 전혀 다른 풍경이 펼쳐졌다. 주로 인근의 여수와 마산부터 멀게는 인천의 조기잡이 배들까지 몰려왔는데, 가까운 지역에서 온 배들은 돛과 노를 이용한 작은 목선이었고 인천 등지에서 온 배들은 좀 더 크고 엔진을 이용해서 움직이는 배들이었다.

어선은 아침부터 저녁까지 바다 위에서 부세를 잡아들였다. 이렇게 잡은 부세들은 목포나 여수에서 온 상고선이 사들였는데 대부분 얼음을 싣고 와서 그 자리에서 냉장시켰다.

조기잡이 어선들이 몰려드는 시즌이 되면 사월포에도 술집과 음식점이 늘어났다. 대부분 자은도의 원주민들과 인근 지역의 장사꾼들이 세운 것들로서 술을 팔았다. 하루 종일 계속되는 조업에 지친 어부들은 배가 뭍에 오르면 어김없이 술집을 찾았다. 술을 마시다 말썽이 생기면 임시로 파견된 경찰들이 나서서 처리했다. 섬 주민들은 직접 가게를 운영하거나 물을 날라주고 돈을 받기도 했다. 다른 지역의 파시들과 거의 비슷한 풍경이 펼쳐진 것이다. 다만 섬 주민들이 좀 더 적극적으로 나서서 장사했다는 점이 눈에 띈다.

자은도 파시에서는 지역 주민과 타 지역 사람들 간의 교류가 다른 지역보다 활발하게 이루어졌다. 하지만 자은도의 파시 역시 부세가 사라지면서 눈 녹듯이 사라져버린다. 현재 사월포는 새우가 많이 나는 곳으로 새우잡이 배들이 몰려온다. 조기가 사라지면서 사월포 파시에 대한 기억도 사라져버렸다. 물론 정확하게는 부세였지만 말이다.

마지막 파시, 재원 파시

가자, 재원도로

타리 파시가 열리는 임자도 바로 옆에 재원도라는 작은 섬이 있다. 산에 오르면 섬이 한눈에 들어올 정도로 작은 곳이지만 중국으로 왕래하는 주요 해상 교통로였던 덕분에 일찍부터 사람들이 거주했다. 주요 어종은 예나 지금이나 새우였지만 한때는 이곳 역시 부세를 잡아들이는 파시가 형성되었다. 다른 곳에 비해서 규모는 그다지 크지 않았지만 서해안의 파시들 중에서는 가장 늦게까지 남아 있던 곳이다.

재원도도 처음에는 조기를 잡았지만 씨가 마른 후에는 부세를 잡는 것으로 명맥을 유지했다. 이곳 역시 섬사람들보다 외지 사람들이 조기와 부세를 찾아서 발길을 내디뎠다. 재원도의 파시는 1970년대 다른 파시들이 쇠락을 거듭하는 와중에 형성되었는데 수로 여수의 배들이 몰려와서 조기와 부세를 잡아들였다. 그 외에도 목포와

217

군산, 그리고 멀리 인천에서도 어선들이 찾아왔다. 한창때는 섬 주변이 배로 포위된 것처럼 둘러싸였다는 얘기도 전해진다.

⋮ 파시 풍경

이곳의 파시 풍경도 별다를 바가 없었다. 파시가 열리면 외지에서 찾아온 장사꾼들이 해안가에 천막과 나무로 허름한 가게를 차렸다. 수십 개의 음식점과 술집이 생겼고, 여기서 일하는 사람들도 수백 명에 달했다. 섬사람들은 이들이 어느 날 찾아와서 갑자기 사라진다고 해서 '철새'라고 불렀다.

시간이 흐르고 기술이 발달하면서 파시에도 차츰 문명이 들어왔다. 배터리를 이용해서 전기를 켜고, 카바레도 생겨났다. 음식점들도 밤이 되면 모두 술집으로 변했다. 섬사람들은 외지인들에게 집을 빌려 주거나 식수와 땔감 등을 팔아 생계를 유지했다. 돈 대신 간혹 생선을 받기도 했다.

흥청거렸던 재원 파시는 1980년대를 지나면서 소멸되었다. 부세조차 잡히지 않았기 때문이다. 그러면서 파시에 대한 기억도 함께 사라져갔다. 선원들을 상대로 술과 음식을 팔던 가게들도 없어지고, 모래밭 대신 제방이 들어섰다. 외지인들이 사라진 다음에야 재원도 사람들은 바다로 나가서 새우잡이를 시작했다. 재원도는

작은 규모에 비해 꽤 많은 배와 선원들이 새우를 잡아들이고 있다
고 한다.

청산도에 파시가 있었다고?

1930년대 전라도 남해안의 청산도 일대에서는 매년 여름 파시가 열렸다. 조기 파시가 아니라 고등어를 잡는 파시였다. 조기 파시가 가장 많고 컸지만 다른 생선 역시 파시가 열렸기 때문에 크게 이상한 일은 아니었다. 청산도의 고등어 파시는 법성포나 연평도의 조기 파시만큼 대단하다고 선전되었으며 교과서에까지 실릴 정도였다고 한다. 하지만 정작 청산도의 주민들은 이 고등어 파시에 대한 기억을 가지고 있지 않다. 고등어를 잡으러 온 것은 조선 어선들이 아니라 멀리 일본에서 온 어선들이었기 때문이다.

일본 어선들은 그물로 잡은 고등어를 부산으로 가서 팔거나 혹은 일본으로 싣고 갔다. 따라서 우리가 알고 있는 형태의 파시가 열리지 않았다. 하지만 청산도에는 이들을 상대로 하는 장사꾼들이 몰려와서 임시촌락을 이뤘는데 술집과 음식점은 물론 여관과 이발소, 목욕탕까지 세워졌다. 물론 장사꾼도 이용하는 고객들도 대부분 일본인이었다. 따라서 이들은 청산도 주민들과 별다른 교류를 갖지 않았다. 언어가 통하지 않았던 탓도 있지만 결정적인 이유는 따로 있었다.

일본, 청산도를 파괴하다

문제는 일본인 선원들의 행태였다. 고등어잡이 어선에 탑승한 선원들은 대부분 일본 본토에서 건너왔는데 이들은 임시촌락을 이용할 때 집단으로 성매매를 했다. 따라서 청산도 주민들은 이곳을 절대 가까이해서는 안 될 장소로 여겼다.

고등어 파시에 대한 기억도 당연히 좋지 않았다. 그물로 잡은 고등어를 손질할 때 나온 부산물을 청산도에 그대로 버리고 가서 여름과 가을 내내 엄청난 악취에 시달려야 했기 때문이다.

파시는 조기를 비롯한 어류들의 집단 이동에 발맞춰 생겨난 대규모 어로 행위와 해상 상거래가 핵심이다. 이 방식을 통해 대량의 조기들이 어획되어서 가공되는 과정을 거쳐 우리의 밥상에 오른 것이다. 하지만 이런 본질적이고 핵심적인 부분을 보지 못한 일본인 연구자들은 파시 때 형성된 임시촌락의 일부 모습만 보고서 그것이 파시의 모습이라고 지레짐작해버리고 말았다.

221

파시의 풍경, 파시풍

: 누가 파시의 모습을 일그러트렸을까?

파시에 대한 본격적인 연구는 일제강점기, 일본인 학자에 의해서 시작되었다. 이들은 자신의 잣대로 조선의 어업과 파시에 대해서 이야기하면서 편협하고 왜곡된 시선으로 파시를 유흥가처럼 묘사했다. 사실 파시란 '생선을 잡는 어선과 그것을 사들이는 상고선 사이의 해상 거래, 그리고 사들인 생선을 오랫동안 보관할 수 있도록 가공하는 과정'을 뜻한다. 인근의 섬이나 해안가에 일시적으로 형성된 촌락은 선원들의 휴식을 위해 세워진 것으로 진정한 파시의 풍경이라고 할 수 없다.

파시는 산란을 위해 본능적으로 북쪽으로 올라가는 조기와, 돈과 풍요로움 위해 그들을 쫓아온 어부들이 만들어낸 장엄한 풍경이다. 하지만 일본인 학자들은 파시에 온 어부들과 장사꾼들이 섬사람들과 격리된 채, 심지어는 적대적인 관계를 형성한 채, 별다른 영향을 주고받지 못했다고 결론을 내렸다. 하지만 '배치기 노래'의 전파나 임경업 장군의 신화가 서해안 일대에 퍼진 데서 알 수 있듯 어부와 섬사람들은 서로 교류하면서 하나의 문화권을 형성했다. 일본인 연구자들은 이런 모습을 외면하고 근처에 형성된 유흥가에만 초점을 맞췄다.

파시 때 형성된 임시촌락들이 유흥과 쾌락에 빠져든 것은 일본인 어부들과 장사꾼들이 들어온 이후다. 자신들이 만들어낸 풍경을 조선의 전통이 이런 것이라며 속단해버린 것이다. 그들은 아예 한 발 더 나아가 자신들의 파시가 선진적이라 주장하기도 했다. 따라서 현재 기억되거나 남아 있는 파시의 모습 중 상당수는 사실 일본에 의해 의도적으로 과장되거나 변질된 것임을 잊지 말아야 한다.

다르고도 같은 파시 풍경

파시는 해안가 모래밭에 임시가옥이 들어서는 것으로 시작되었다. 장사꾼들은 배에 장사할 물건과 술, 그리고 집을 만들 천막까지 싣고 왔다. 이들은 한 군데 파시에만 들르는 것이 아니라 다른 파시도 돌았다. 흑산도 파시부터 시작해서 법성포와 연평도 파시까지 섭렵한 것이다.

이들은 해안가에 자리를 잡고 뚝딱뚝딱 집을 지은 다음 간판을 내걸었다. 주로 주인의 고향집을 상호로 내걸었다고 하는데 일본 상인들은 고향의 이름이 적힌 종이 등을 매달아서 손님을 모았다. 술집이 주종을 이뤘지만 음식점을 비롯해서 배에 필요한 도구들을 파는 선구점들도 제법 많았다. 그 밖에 이발소와 쌀집도 있었고, 일본인이 만든 목욕탕도 영업을 했다.

이렇게 해안가에 세워진 상점들은 그 모습이 난민촌 같았다. 줄지어 선 상점들 옆으로 사람들이 몰려들었고, 그들을 감시하기 위해 파견된 순사들이 머무는 임시 주재소기 지어졌으며, 술집 여인들의 위생 상태를 조사하는 보건소도 자리를 잡았다. 배가 들어와 선원들이 내려오면 술집들은 호황을 누렸다. 어느 술집에서는 기생의 구슬픈 가락 소리가 흘러나왔고, 또 어떤 집에서는 게이샤가 사미센(Shamisen, 三味線)을 뜯으면서 노래를 부르는 풍경이 연출되었다. 파시에서 큰 잔치나 제사가 벌어지면 섬사람들도 은근슬쩍 끼어들어 구경을 했고, 돈에 눈을 뜬 일부 사람들은 술을 빚어서 파시에 내다팔기도 했다. 그러다 아예 장사 밑천을 마련해서 파시를 따라다니는 장사꾼이 되는 경우도 있었다.

섬사람들은 때가 되면 찾아오는 이런 외부인들을 신기하게 여겼

일본 전통 현악기 중 하나. 현은 모두 세 개로 기타의 피크와 같은 역할을 하는 '바치'를 사용해서 현을 통겨 연주한다. 15~16세기경 일본에 전해진 이후 노래와 이야기를 공연하는 전통 예능 영역에서 반주 역할을 맡았다. 전문 연주자뿐 아니라 일반 민중에게도 친숙한 악기이다.

지만 가능한 한 가까이하지 않았다. 순박한 섬사람들에게는 돈과 술에 목숨을 건 외지인들의 파시 풍경이 낯설었기 때문이다. 하지만 마을 사람들 가운데엔 물과 장작을 팔아서 생계에 보태는 이도 있었고, 간혹 잔심부름을 하면서 용돈을 버는 아이들도 있었다. 임자도의 경우에는 섬사람들이 그물을 단단하게 만드는 일 을 부업 삼아 했다고 전해진다.

파시의 흔적들

섬사람들과 파시에 온 사람들 간에 교류가 이루어진 직접적인 증거는 '배치기 민요'의 전파다. 본래 황해도의 전통 민요인 배치기는 서해안 전역으로 퍼졌는데 조기를 잡으러 각지를 전전하던 어부들과 장사꾼들에 의해서 전파되었다. 이것은 파시가 향락과 유흥이 전부라고 봤던 일본인 연구자들이 결코 발견하지 못했던 부분이다.

---

* 가볍고 튼튼한 나일론 그물이 나오기 이전에는 그물의 재료가 다양했다. 가장 많이 쓰인 것은 삼베였다. 그 밖에 짚을 엮은 새끼줄, 칡덩굴, 나무껍질 등이 사용되었다. 조선 후기에 접어들면서 무명실로 만든 그물이 등장했는데 앞서 말한 재료들보다 가볍고 튼튼해서 많이 사용되었다. 그런데 이런 그물은 서해의 거센 조류에 쉽게 파손되었다. 따라서 소나 돼지의 피, 솔방울의 진액 등으로 물들인 후 그물을 짰는데, 그러면 더 질겨지고 탄탄해져서 오랫동안 사용이 가능했기 때문이다. 또한 한 번 소입한 그물은 뭍으로 내려 손을 보았는데, 이때 해당화를 진하게 삶은 물에 넣고 푹 끓여서 그물의 강도를 높였다. '갈'이라고 부르는 작업을 위해서는 엄청나게 큰 솥이 필요했는데 파시가 형성된 곳 근처에는 항상 그물을 재생해주는 갈솥이 걸려 있었다.

이런 교류의 흔적은 임경업 장군 설화나 '산다이'에서 찾아볼 수 있다. 임경업 장군을 한 번도 본 적 없던 남쪽의 섬사람들이 자신을 지켜주는 신으로 모신 것 역시 배를 타고 온 어부들과의 교류 때문이었다. 이슬람 상인과 교류를 통해 동남아시아 지역에 이슬람교가 전파된 것과 유사한 사례다. 언뜻 들으면 일본어 같은 산다이는 우리의 전통 놀이인 산대에서 비롯된 말이다. 장터나 포구에 사람들이 모이면 자연스럽게 징과 꽹과리를 치면서 어깨춤을 추고 노는 경우가 많았다. 거래가 잘 성사되면 큰돈을 벌어서 기쁘고, 고향으로 돌아가게 되어 기뻤기 때문이다. 이런 과정이 체계화된 것이 바로 송파산대놀이나 양주별산대놀이다.

파시가 벌어지면 제사나 굿판이 벌어지는 경우가 많았고, 그 밖에도 술에 취한 사람들이 삼삼오오 모여서 춤을 추고 노는 일도 빈번했는데 배치기 노래가 서해안 곳곳에 퍼지고 임경업 장군의 영험함을 알게 된 것도 바로 이런 놀이판에서 비롯되었을 가능성이 높다. 호기심에 못 이겨 동참한 섬사람들은 자신의 마을로 이 산다이를 가져왔고, 명절이나 놀이판이 벌어지면 춤추고 노래하면서 흥을 돋웠다. 조기를 쫓는 사람들을 따라 다른 것들도 퍼져나간 것이다.

그러나 조기 파시가 사라지면서 이런 기억도 사라졌다. 파시가 사라진 데엔 조기가 잡히지 않는다는 점 말고도 각종 과학 기술의 발달이 한몫했다. 사라진 조기를 찾기 위해 멀리 나갔던 어선들은 이제 곧장 항구로 돌아왔다. 냉장 보관 시설도 충분했고, 통신장비가 발달하면서 굳이 바다에서 상고선과 만나서 거래할 이유가 없어졌기 때문이다. 또한 객주가 맡았던 유통을 어업조합이 대신하면서 어선들은 잡아온 조기를 마음대로 매매할 수 없게 되었다. 파시가 사라지면서 파시의 풍경은 흑백사진 몇 장과 늙은 어부들의 기억 속에서만 존재하게 되었다.

파시풍이란 무엇인가?

우리나라, 그중에서도 서해에서만 생겨나는 독특한 풍습이자 기억인 파시는 산란기나 기타 이유로 한꺼번에 몰려드는 물고기들과 그것을 잡으려고 사방에서 몰려든 배와 어부들, 그리고 생선을 사들여 가공하는 사람들에 관한 오래되고 총체적인 기억이다. 지금까지 조기 파시에 대해서만 설명했지만 실은 서해안 곳곳에 수많은 파시들이 생겨났다가 사라졌다. 대표적으로 임자도의 타리 파시는 민어를 잡으려고 생겨난 것이고, 비금도에서는 강달어 파시가 열렸다. 추자도의 멸치 파시도 명성을 떨쳤다. 하지만 파시의 중심은 역시 가장 대중적이었던 조기였다.

파시가 열리면서 사람들이 뒤엉켜 만들어낸 풍경을 파시풍이라고 부른다. 흔히 파시풍을 돈과 욕망의 상징으로 보지만 그 안에는 분명 사람들이 있었다. 돈을 좇아 섬에 들어온 여인이 섬 남자를 사랑하게 되어 혼인하는 경우도 있었고, 태풍이 불 때마다 어선들의 무사 귀환을 조마조마한 심정으로 기다리는 여인들도 많았다. 한편 파시는 격리된 섬사람들이 외지 사람들을 볼 수 있는 흔치 않은 기회였다. 연평도 파시의 경우에는 유명한 연예인이나 곡마단이 찾아와 공연을 하기도 했고, 함께 어우러져 풍어제를 지내면서 풍성한 수확을 한마음으로 기원하기도 했다.

파시를 타고 떠도는 이야기들

민어를 잡던 임자도의 타리 파시 같은 경우는 특이하게도 어부나 섬사람들이 아닌 술집 주인과 기생들이 주도했던 제사로 유명하다. 이는 일본인에 의해 억울하게 죽은 기생들의 넋을 기리는 제사였는데 섬사람들도 구경을 할 정도로 큰 규모였다. 내용은 다음과 같다.

조선이 일본에 강제로 병합된 직후 일본인 어부들이 민어를 잡으러 타리 파시에 나타났다. 이들은 안하무인 격으로 행동하다가 기생을 불러다가 동침을 요구했다. 그러자 기생은 술을 파는 건 먹고 살기 위해서 어쩔 수 없는 일이지만 몸을 허락할 수는 없다고 거절한다. 화가 난 일본인은 가지고 있던 칼로 기생을 찔러 죽이고 섬을 떠났다. 그러자 섬에 머물고 있던 수십 명의 기생들이 죽은 동료의 소식을 듣고 몰려왔다. 그리고 하루 종일 울다가 양잿물을 마시고 모두 목숨을 끊고 말았다. 섬사람들은 죽은 기생의 시신들을 모래밭에 묻었다.

이 이야기는 파시가 때로는 정치적일 수도 있다는 사실을 보여 준다. 이 역시 조기가 만들어낸 우리 역사의 일부라고 할 수 있겠다. 물론 이 밖에도 우리에게 알려지지 않고 사라진 파시 이야기들이 많을 것이다.

일본 연구자들, 파시 문화를 조작하다

물고기를 쫓아서 사람들이 몰려다니는 광경은 조선시대에는 흔치 않은 풍경이었다. 일본인 연구자들의 눈길을 끈 것도 바로 이 부분이다. 덕분에 지금까지 파시에 대한 설명들은 대부분 한적한 시골 마을이나 섬에 조기 떼들이 몰려오면서 어부와 술집 여인들이 찾아와서 북새통을 이뤘다는 내용이 주류를 이룬다. 얼마나 많은 배와 선원들이 찾아왔는지, 어디에서 온 여인들이 술집을 차리고 손님을 기다렸는지, 조기들이 얼마나 많이 잡혔는지, 그 때문에 사람들이 얼마나 많은 돈을 흥청망청 썼는지 이야기한다. 일본인 연구자들은 더 나아가 거친 뱃사람들이 돈으로 매춘부를 사서 욕망을 채우는 것이 일상적인 풍경이라고 적어놓았다.

인터넷에 나오는 파시에 대한 자료 대부분은 이런 현상과 기억을 모은 것으로 그 포문을 연 것이 바로 한말과 일제강점기에 호기심과 카메라로 무장하고 나타났던 일본인 연구자들이다. 하지만 파시를 이런 식으로만 볼 수는 없다. 조선의 어로 활동에 대해서 아무런 사전지식도 애정도 없던 일본인 연구자들이 눈에 보이는 현상만 기록한 데 불과하기 때문이다. 그들은 일본과 다른 방식으로 조업하는 우리 어부들의 활동을 미개하고 무식하다고 평가했다. 자기들처럼 먼 바다로 나가 값비싼 고급 어종을 잡지 않는다며 폄훼했다. 하지만 이런 기준은 당치 않은 것이다. 고급 어종에 대한 수요가 많았던 일본과 달리 조선은 몇몇 친근한 어종에 대해서만 대규모 수요가 있었던 탓이다. 조기가 대표적이다. 임금과 백성까지 모두 같은 조기를 밥상에 올려놓고 젓가락을 들었으니 말이다.

조선의 상황에 대한 깊은 이해가 없던 일본인 연구자들은 파시에 대한 역사적인 고찰이나 이해 대신 눈에 보이는 것들 — 허허벌판에 세워진 술집과 그곳에서 술을 파는 여인들 — 만 눈여겨보았다. 하지만 파시는 못해도 수백 년의 전통을 가진 조선의 독특한 문화이자 생활양상이다. 우리만의 독특한 해양 문화이며 삶의 터전이기도 했다. 몰려든 배와 장사꾼들이 어우러져서 만들어낸 흥청거림은 파시의 일부분일 뿐이다. 최근 연구 결과에 따르면 우리가 알고 있는 향락적인 파시의 모습은 일본인들이 만들어낸 것이라고 한다. 일본인 어부들과 장사꾼들이 끼어들면서 파시 풍경이 난잡해지고 풍속이 어지러워졌다는 이야기도 어렵지 않게 찾아볼 수 있다. 연평도 파시를 둘러본 한 일본인 연구자는 당시의 향락 풍조 때문에 어부들이 빈털터리가 되어 고향으로 돌아갈 수밖에 없게 된 것이 일본인들의 등장 이후부터라고 솔직하게 털어놓기도 했다.

파시의 변모

1908년, 조선을 침탈한 일본의 행정기구인 부산이사청(釜山理事廳)에서는 지방 관리들에게 공문을 보낸다. 공문의 내용은 조선에서의 어업이 성황을 이루고 있어서 매년 일본 본토에서 어부들이 건너오고 있는데 이들이 술과 도박으로 애써 번 돈을 탕진하는 일이 많아지고 있다는 것이다. 그 뿐만이 아니라 무분별한 관계를 가짐으로써 화류병이라고 불리던 성병까지 얻게 되었으니 각별히 단속해서 이 같은 피해가 발생하지 않도록 주의해줄 것을 당부한다는 내용이다.

물론 이 공문에 일본인 어부들의 돈을 탕진하고 성병을 얻게 한

주체가 일본인 윤락녀와 장사꾼이라고 명시한 바는 없으나 당시 일본인과 조선인들이 물과 기름처럼 섞이지 않았다는 점을 고려한다면 어떤 상황이었을지 짐작하고도 남는다. 이들은 파시가 열릴 때 각자 구역을 정해서 별도로 영업했으며 조선 기생이나 일본의 게이샤나 각자 자국민 어부들을 상대했다. 임자도의 타리 파시에서 발생한 것처럼 일본인이 조선 기생들에게 동침을 요구하다가 거절당한 사례도 있었다. 그러니 일본인 어부들의 주머니를 털어 가고 성병을 감염시킨 것 역시 자국민이라고 보아야 할 것이다.

파시가 흥청망청하는 모습을 보이게 된 것도 일본 어부들의 등장 이후일지도 모른다. 조선시대의 파시에 대한 설명 중에는 근처의 촌락이나 섬에 술집과 음식점이 생기고 여인들이 드나들었다는 기록이 없기 때문이다. 어쨌든 확실한 것은 일본 어부들의 등장 이후 파시의 풍경이 변했거나 변질되었다는 점이다.

일본인 연구자들은 파시가 외딴 섬이나 한적한 어촌에 생겼기에 조선왕조의 행정권이 미치지 못했으며 따라서 문란한 상황이 연출되었던 것이라 주장하지만, 파시의 존속 이유가 세금을 손쉽게 걷기 위한 하나의 방편이었다는 점을 감안하면 그들의 주장 역시 신빙성이 떨어진다. 오히려 지방의 영주들로 나눠져 막부의 행정권이 미치지 못했던 일본의 상황을 너무 쉽게 조선에 대입한 것은 아닐까 싶다.

조선시대 최고의 조기 어장이었던 칠산 바다에도 일본 어부들이 들어오면서 그들만을 위한 마을이 만들어졌고 그들만을 위한 파시가 들어섰다. 법성포 옆의 작은 목냉기, 소항월이라고 부르는 마을에 일본 어부들이 자리 잡은 것은 1910년대. 일본의 어업법이 지선어장의 소유권을 인정해주는 방향으로 흘러가자 일본 어부들 중 일부가 발 빠르게 조선으로 건너왔다. 그들은 목 좋은 어장 근처에 마을을 만들어 소유권을 주장할 생각이었지만 계산이 실패로 돌아가면서 칠산 바다에서 조업하는 일본 어부들의 휴식지 역할을 하게 되었다. 작은 목냉기에 파시가 형성된 배경이다.

사실 일제강점기 법성포 파시의 중심지는 이곳이었다. 바로 여기에 일본인들의 손에 의해 사당이 세워졌고, 술집과 음식점이 생겼다. 이들이 잡는 어종은 새우와 조기였다. 일본인들이 좋아하는 새우는 가공해서 본토로 실어갔고, 조선인들이 좋아하는 조기는 해상에서 그대로 상고선에 팔거나 법성포로 가지고 와서 팔았다.

조정에서 관리를 파견해서 감독하던 위도 파시에도 일본 어부들이 들어왔다. 그리고 그들을 상대하기 위해 일본인 장사꾼과 게이샤들이 따라 들어왔다. 현지 주민들이 '위도에는 본래 파시가 없었다가 일본인들이 들어오면서 생겨났다'고 잘못 기억할 정도로 일본 어부들의 존재감은 두드러졌다. 이들은 조기와 더불어 삼치와 방어 같이 일본인들이 좋아하는 생선도 같이 잡았다. 그래서 조기잡이 철이 되면 위도 앞바다는 늘 일본으로 생선을 실어 나르는 운반선들이 가득했다고 전해진다. 반면 조기는 근처의 법성포나 줄포로 가져갔다. 결국 일본 어선들이 위도에 몰려온 것도 근처에 조기를 넘겨줄 만한 곳이 있었기 때문인 듯하다.

일본인 연구자들은 보지 못했고, 알지도 못했던 파시의 진정한 풍경은 어쩌면 우리 밥상 위에 있을지도 모른다. 우리는 꾸덕꾸덕 마른 굴비를, 잘 찢어놓은 보리굴비를 보면서 본능적으로 침을 삼키고 젓가락을 든다. 맛이 있다는 사실을 아주 어릴 때부터, 혹은 부모님의 모습을 보면서 알고 있기 때문이다. 이런 기억과 본능들이 조기와 굴비를 찾게 만들어 파시를 이룬 진짜 모습일 것이다.

제6장

조
기
의　길

조기, 한국인의 밥상을 점령하다

⠇ 공납과 조기 파시

조기가 우리의 밥상을 오랫동안 떠나지 않았던 가장 큰 이유는 꾸준한 공급에 있다. 조선 초기, 어쩌면 그 이전부터 당대로서는 최첨단일 기술과 유통 시스템을 적극적으로 활용하여 공급을 지속했기 때문이다. 그리고 면면히 이어진 기억과 관습은 우리 민족이 여전히 조기를 찾게 해주었다.

사실 조기는 파시 덕분에 우리 민족의 최장수 아이템이 된 것이다. 그렇다면 역으로 물을 수 있다. "무엇이 파시를 존재하게 만들었을까?"라고 말이다. 해답은 우리 모두 알고 있다. "임금부터 백성에 이르기까지 온 조선 사람들이 조기를 좋아하고 즐겼기 때문"이다. 하지만 우리 민족이 처음부터 조기를 즐긴 것은 아닐 터다. 전근대 시기에는 무엇을 좋아한다고 해서 마음껏 손에 넣을 수 있는 상황도, 기꺼이 돈을 지불할 용의가 있다고 해서 원하는 것을 손에 넣을 수 있는 상황도 아니었기 때문이다.

파시도 마찬가지다. 엄청나게 많이 잡은 조기를 누군가 구매한다는 확신이 없다면 위험을 무릅쓰고 바다로 나가지 않았을 것이다. 객주들이 유통망을 구축한 조선 후기가 아닌 조선 전기에도 조기가 꾸준하게 소모된 것은 우리가 모르거나 혹은 예상하지 못했던 유통 체계가 있었다는 것을 의미하는 게 아닐까? 그 시작을 우리는 조선시대 공납에서 찾을 수 있다.

지방의 특산물을 바치는 공납은 궁중에서 필요한 물품을 구한다는 실용적인 목적 이외에도 지방통치라는 강력한 명분의 상징이었다. 따라서 백성들의 고통과 번잡함을 무시한 채 오랫동안 지속되었는데 모든 세금을 쌀로 바치는 대동법의 등장 이후에도 공납은 조선이 막을 내릴 때까지 명맥을 유지했다.

공납 외에 지방관이 별도로 바치는 진상이 있었다. 공납과 진상 품목에는 해산물이 포함되었는데 대개 조기와 청어, 대구 등을 비롯한 생선과 전복과 미역 등이었다. 시장은커녕 화폐도 유통되지 않았던 시절이지만 공납과 진상이라는 체제 덕분에 서해에서 잡힌 조기가 한양으로 올라가는 데엔 별 무리가 없었다. 이렇게 올라간 조기들은 다양한 용도로 사용되었다. 제사상이나 임금의 수라상에 올라가는 것은 물론이요 임금이 신하나 대마도 도주에게 선물로 하사하기도 했고, 때로 명에 보내기도 했다. 다른 의무를 면제받는 대신 생선을 잡아서 바치는 생선간이라는 어부들도 있었다. 그물처럼 촘촘한 이런 공납 체계가 어장에도 적용된 것이다.

조기는 내 마음대로 잡지만 세금은 바친다?

조기를 비롯한 생선들은 국가와 지방 재정을 충당하는 데도 한몫했다. 언제든지 쌀이나 베와 바꿀 수 있는 생필품이었기 때문이다. 그래서 바다를 지키는 수군진에서는 어장과 염전을 관리하면서 세금을 걷었다. 이순신 장군의 『난중일기』를 보면 잡은 청어를 곡식과 바꾸거나 세금으로 거둔 청어를 군량으로 사용했다는 기록이 나온다. 돈이 없었기에 오히려 생필품의 가치가 더 높아지고 명확해진 것이다.

일본의 경우 지선어장이라는 명목으로 바다를 소유한다는 개념이 존재했다. 하지만 조선에서는 일본처럼 개인이나 집단이 바다를 자기 소유로 주장할 수 없었다. 어살이나 주벅의 경우에는 개인의 재산권이 인정되었고, 망가뜨리거나 어획을 방해하는 경우에는 소송의 대상이 되기도 했지만, 바다 자체는 그 누구의 소유도 아니었다. 덕분에 조선으로 건너온 일본인 연구자들은 어장을 가지고 있는 섬사람들이 아무런 소유권을 주장하지 않고 다른 지역에서 온 배들이 조업하는 것을 내버려두는 걸 보고 이상하게 여겼다. 만약 칠산 바다나 연평도 같은 조기 어장들이 누군가에게 독점되었다면 조기는 공납체계 속에 포함되어 있었다고 해도 결코 대량으로 어획되고 유통되지 못했을 것이다.

이렇게 개인 소유의 바다가 인정되지 않은 이유는 어장이 이미 국가 소유라는 개념이 강했기 때문이다. 따라서 어장들은 국가나 궁방(弓房), 혹은 인근 수군진에서 관리했다. 하지만 일본과 다르게 소유권이 있는 건 아니었고, 어장에서 조업하는 배들을 상대로 어세를 걷었다. 앞서 소개한 「여지도서」에는 매년 봄 칠산 바다에 모여서 조기를 잡는 어선들이 모두 세금을 낸다는 이야기가 나온다.

공납 체계 안에 들어온 어선들

어장을 관리하고 어세를 걷는 문제는 국가나 궁방의 주요 수입원으로서 국가 재정을 책임지는 호조에서 관심을 기울일 정도로 중요한 문제였다. 다만 호조의 골칫거리는 어세를 내는 어선들의 숫자가 적었다는 점이었다. 못 잡아도 수백 척의 배들이 몰려오는데 정작 어세를 내라고 하면 대다수 어선이 궁방이나 관청 소속이라는 핑계로 납부를 거부했다. 국가에 내는 공적 세금을 피하기 위해 나름대로 보호 장치를 만든 것이다. 그러자 호조에서는 결국 궁방이나 관청 소속이라고 칭한 배에도 일괄적으로 어세를 징수하기로 결정한다.

어세에는 대략 두 가지 기준이 있었다. 우선 어장에 들어오는 배 한 척당 부과되는 방식과 붙잡은 수량의 일부를 납부하는 방식이다. 그 밖에도 어세는 이런 저런 명목으로 징수되었는데 이로써 어부들의 고통은 가중되었다.

각 궁방이나 관청에서 제멋대로 걷어가던 어세는 영조가 균역법을 시행한 이후 균역청에서 일괄적으로 징수하게 된다. 균역청에서 거둔 다음 필요로 하는 관청에 배분되는 방식을 취한 것이다. 어세, 그러니까 세금으로 거둔 조기들은 시장이라는 유통 경로를 거치지 않고 한양으로 올라올 수 있었다.

이렇게 해서 수십만 마리의 조기들이 궁궐과 관청으로 흘러들어갔다. 납부된 조기들은 신하들에게 선물로 하사되거나 필요한 물품을 사는 데 쓰려고 시장에 풀렸다. 덕분에 한양에서는 조기를 어렵지 않게 구할 수 있었다.

이처럼 각지의 조기 어장에서 활동하던 상당수의 어선들은 직간접적으로 공납 체계와 연결되어 있었다. 덕분에 이들이 바친 조기들은 시장의 유통망을 거치지 않고도 별다른 문제없이 한양으로 흘러들어갔고, 많은 사람들의 밥상에 오르게 된 것이다.

바다에서 밥상까지 조기로드의 비밀

조기가 사람들의 밥상에 오르고 꾸준히 사랑을 받을 수 있었던 것은 이런 식의 공물 납부 체계 속에서 끊임없이 공급되었기 때문이다. 지선어장이 발달한 일본의 경우 칠산 바다나 연평도처럼 특정 지역의 어장에 각지의 배들이 몰리는 일이 벌어지지 않았다. 덕분에 도미 같은 생선들은 수요가 있었음에도 공급이 따라가지 못해 비싼 가격을 유지할 수밖에 없었다.

반면, 조기는 정교한 유통망과 시장 체제가 존재하지는 않았지만 공납이라는 공적인 세금 납부 체계 속에서 별다른 문제없이 대규모로 어획되었고, 최대 수요처인 한양으로 끊임없이 공급되었다. 세금으로 납부되는 것이었기에 시장을 통했다면 생겨났을 유통과 보관비용이 발생하지 않아 가격도 비교적 낮은 편이었다. 덕분에 가난한 백성들도 주머니 걱정을 하지 않고 조기를 살 수 있었다.

임금의 수라상과 백성들의 밥상에 조기가 자주 오르면서 '조기는 싸고 맛있다'는 인식도 함께 퍼졌다. 이것이 바로 조기가 오랫동안 우리 밥상을 점령해온 진정한 이유이자 비밀이다. 자본주의와 시장경제라는 선입견을 빼고 본다면 조선의 공납 체제가 마법 같은 효과를 발휘한 것이다. 보이지 않는 길이 조기를 바다에서 사람들의 밥상까지 이끌어간 것처럼 말이다.

공납 체제 외에 시장을 가능하게 했던 유통 경로도 조기로드의

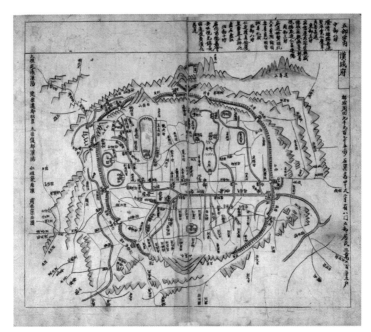

운종가를 중심으로 조선 전기의 상업이 발달했다.

비밀이다. 조선 전기의 상업은 '운종가'라고 불린 종로의 시전이 중심이었다. 이들은 국가에서 부여받은 독점권을 이용해서 한양으로 들어오는 상품의 유통망을 장악했다. 아울러 공납을 대신해주는 대납, 정상적으로 바쳐진 공납을 이런저런 핑계로 퇴짜를 놓은 후에 강제로 대납을 하게 하는 방납을 통해서 재력을 축적했다.

시전 상인들이 다룬 상품 중에는 조기도 들어 있었다. 파시에서 조기를 사들인 상고선들이 경강에 도착하면 경상의 색주들이 시전의 어물전 주인에게 연결해주었다. 경강상인들이 직접 상고선을 파시로 보내서 조기를 사온 경우도 있었을 것이다. 객주들이 중개해서 시전의 어물전에 넘어온 조기들은 찾아온 손님들에게 팔리든가 중도아라고 불리는 중간 상인을 거쳐서 팔려나갔다. 이때 시전의 어물전 상인에게는 상품 유통에 관한 독점권이 있었기 때문에 조기를 팔러 온 상인들은 울며 겨자 먹기로 그들이 원하는 가격에 넘겨줘야만 했다. 중간에 누군가가 피눈물을 흘렸지만 어쨌든 이런 독점적인 형태의 유통망은 조기를 대량으로 유통시키는 데 한몫 단단히 했다.

조기는 사대부의 사랑을 타고

조기 유통의 또 다른 주인공은 사대부들이다. 과거에 합격해서 관료가 된 사대부들은 급여로 지급되는 쌀인 녹봉(祿俸)* 외에도 지방에서 진상한 현물들을 함께 받았다. 그중에는 당연히 조기가 끼어 있었다. 이렇게 국가에서 지급받는 것 외에도 사대부들끼리는 흔히 서로 선물을 주고받았다. 주로 지방관들이 개인적으로 보내주는 것이었는데 시장이 자리 잡지 않은 조선 초기에는 당연한 관

---

* 벼슬아치에게 일 년 또는 계절 단위로 나누어주던 금품을 통틀어 이르는 말. 쌀, 보리, 명주, 베, 돈 따위이다.

행이었다. 남겨진 기록을 보면 참으로 다양한 물품들이 선물로 오고갔음을 알 수 있다. 그중 붓, 종이, 조기 등이 많은 부분을 차지했다. 선물로 받은 조기들은 제사상의 제물과 밥상 위의 반찬에 이르기까지 다양한 용도로 사용되었다.

지방관들이 선물로 보내는 조기는 당연히 정상적인 세금 정책 아래 거둔 것이 아니었다. 이런 일에 동원된 것이 바로 떠돌이 어부들인데, 일명 '포작간'이다. 이런 관행은 뇌물에 가까웠지만 조기를 유통시키는 데 한몫을 담당했다. 그러나 이런 상황은 조선 후기에 접어들면서 차츰 변모한다. 화폐가 사용되면서 시장이 제 역할을 하기 시작했기 때문이다. 아울러 대동법*이 시행되고 공납이 사라지면서 조기를 직접 궁궐이나 관청에 바치는 일도 사라졌다.

조선시대 국영 어부라고 할 수 있는 생선간**들 역시 이런 변화에 발을 맞췄다. 초창기에는 직접 배를 몰고 나가서 생선을 잡다가 사고로 목숨을 잃기도 했던 이들은 시간이 지나면서 차츰 다른 방법을 찾았다. 자신에게 주어진 배를 어부들에게 임대해준 것이다. 어부들은 사옹원(司饔院)*** 소속의 배를 가지고 어장에 나

---

* 대동법의 시행은 국가에서 세금으로 거둔 쌀로 필요한 물품들을 문제없이 사들이는 것이 가능할 만큼 시장이 활성화되었다는 것을 의미한다.

** 원문에는 생선주인으로 나온다. 생선간들 중에서 배를 소유하거나 책임지는 직책에 있는 것으로 추정된다.

*** 조선시대에 궁중의 음식에 관한 일을 맡아보던 관아. 이전의 사옹방(司饔房)을 고친 것으로 고종 32년(1895)에 전선사로 고쳤다.

가서 조기를 잡고, 임대료를 돈으로 지불했다. 생선간들은 그 돈으로 조기를 사들여서 진상하는 것으로 자신의 의무를 대신했다. 그런데 사옹원에 소속된 생선간들이 늘어나면서 국가 재정에 문제가 생겼고, 호조가 이의를 제기하면서 척수와 인원수가 제한되기도 했다.

이런 방식이 성행했다는 것은 조선 후기가 되면 공적인 영역이라고 할 수 있는 공물 납부 체계 안에도 시장 유통 체계가 깊숙이 들어왔다는 뜻이다. 조정에서는 이런 폐단을 없애고 재정을 늘리기 위해 관청이나 궁방에 소속된 배들을 모두 호조와 균역청으로 일원화시킨다. 국가에서 바다를 완벽하게 통제하려 한 것이다. 이에 조기잡이 배들은 일괄적으로 나라에 세금을 내게 된다. 약간의 예외 조항을 두기는 했지만 적어도 바다에서는 국가를 제외한 어느 관청도 배를 상대로 세금을 거두지 못하게 된 것이다.

결국 국가가 바다를 직접 통제하면서 조기잡이에 대한 장애물이 모두 사라진다. 그러고 나서 지역별로 어장을 독점하면서 대규모 조업을 할 수 없던 일본과 전혀 다른 방향으로 발전한다.

유통 과정의 변화와 조기

공납으로 인한 유통 과정은 조선 후기 접어들면서 모든 세금을 쌀로 납부하는 대동법의 시행과 함께 일대 변화를 맞이한다. 사실 대동법의 시행은 백성들의 고단함을 줄여주겠다는 의미가 컸지만 동시에 공물을 직접 걷지 않아도 시장에서 사들일 수 있다는 확신이 섰기 때문이었다. 물론 대동법의 시행으로 공납이 완전히 없어진 것은 아니다. 일부 지역은 여전히 특산물을 바쳐야 했고, 관리가 따로 바치는 진상 역시 사라지지 않았다.

어쨌든 공납을 통해 유통되었던 조기가 이제 시장을 통해 퍼져 나가게 되었다. 물론 어망의 발달로 인한 어획량의 증가와 인구가 늘어나면서 조기 소비가 늘어난 것도 한 가지 원인일 터다. 여러 이유로 돈이 조기를 움직이게 되면서 유통은 더욱 확실해지고 빨라졌다. 그리고 그 중심에는 객주가 있었다.

본래 지방에서 올라온 상인들을 상대로 숙박업이나 중개업을 하던 객주들은 경험과 재력을 바탕으로 유통망을 장악했다. 시전 상인들이 독점하던 유통망은 임진왜란과 병자호란을 겪으면서 변화를 겪는다. 사회가 혼란에 빠지고 땅을 잃은 백성들이 먹고살기 위해 한양으로 몰려들자 균형이 깨진 것이다. 이에 따라 인구가 늘면서 자연스럽게 난전이라 불리는 시장들이 생겨났다.

시전 상인들의 독점이 깨지자 자본을 갖춘 경강상인들이 주도권을 장악한다. 이들이 유통시킨 것은 쌀, 베, 조기와 같이 누구에게나 필요하거나 혹은 쉽게 살 수 있는 것들이었다. 자본을 축적한 객주들은 아예 한양으로 들어오는 상품을 현지에서 사들이거나 중간에서 모조리 끌어모으는 방법으로 상품을 독점하면서 한양의 물가를 결정할 수준에 이른다.

조기의 유통 경로도 자연스럽게 변화한다. 시전 상인들이 몰락하면서 독점권이 무너졌고, 누구나 조기를 사서 마음껏 팔 수 있게 되었다. 객주가 직접 조기를 사들여서 중도아에게 팔게 된 것이다. 조기는 더욱 다양한 장소에서 팔리게 되고 '값싸고 맛있는 생선'이라는 명성을 얻게 된다. 조선 초기 공납체제 속에서 대량으로 유통되던 조기가 본격적인 시장체제 안으로 들어온 것이다. 물론 공납을 통해서 대량으로 소비되었기 때문에 객주들의 선택을 받았던 것은 확실하다. 한마디로 조기가 돈이 된다는 것을 알았으니까 말이다.

바다에 소유권을 인정하지 않았던 것 역시 조기의 대량 어획과 소비에 큰 몫을 차지했다. 누구나 어세만 내면 자유롭게 조업할 수 있었다는 점이 그런 상황을 잘 뒷받침해준다. 결국 조기가 우리 곁을 오랫동안 지킬 수 있었던 이유는 시장의 유통 체제를 대신해준 공납과 바다를 개인 소유로 인정하지 않았던 조선의 정책, 그리고 사대부들이 관행적으로 주고받은 선물이었다. 이런 식의 유통 과정을 거치면서 조기는 가격이 저렴하며, 쉽게 구할 수 있다는 장점을 가지게 되었고, 빠른 속도로 퍼지면서 많은 사람의 입맛을 사로잡게 되었다. 그런 과정이 몇 백 년간 반복되면서 조기는 이제 누구나 인정하는 우리의 음식, 그리고 역사가 되었다.

절 받는 생선

양반과 뼈대 있는 제사상

추석 같은 명절이 다가오면 네티즌들은 제사상에 올릴 음식에 대해 묻고 답하느라 바빠진다. 지역마다 답변하는 사람마다 약간씩 다르지만 대추나 배 같은 과일만큼 빠지지 않고 올라가는 게 바로 조기다. 너무 오랫동안 제사상을 차지하고 있었기에 단 한 번도 '없어야 할' 이유를 의심하지 않았던 조기. 대체 조기는 무슨 이유로 어떤 과정을 거쳐 제사상에 올라왔고 사람들의 절까지 받게 된 것일까?

우선 사람들이 왜 이렇게 제사에 목숨을 거는지부터 알아보자. 명절에 고향집이나 큰집에 방문하면 어른들이 항상 "우리는 뼈대 있는 양반 집안 자손이야"라고 이야기한다. 어릴 때는 별 의심 없이 받아들였지만 나이 들수록 이 말에 고개를 갸웃거리게 된다. 누구나 자신이 뼈대 있는 양반 집안 자손이라 주장하기 때문이다.

251

너도 나도 양반이면 대체 누가 일반 백성이고 노비였을까? 미국의 저명한 한국학 연구자인 제임스 버나드 팔레 교수(James Bernard Palais, 1934~2006)는 조선시대 노비의 비중이 30퍼센트를 넘었을 것이라 주장하면서 "조선은 노예제 국가였다"고 말했다. 모두가 양반의 후손들인 우리가 듣기에는 거북한 이야기여서 그랬는지 실제로 많은 반박이 이루어졌다. 중요한 것은 조선시대 노비들의 숫자가 적지 않았다는 점이다. 백성들은 더 많았을 것이다. 그러니 양반들은 극소수에 불과했을 터다.

제사는 완벽한 프로모션이었다

조선시대 양반은 고정된 신분계층이 아니었다. 정확하게 이야기하면 조선의 공식적인 신분계층은 양인과 천인이다. 양인들 중에 과거에 합격해서 관직에 진출한 사람들이 양반이다. 이 이야기는 양반이라는 신분이 고정적이지 않았다는 것, 이를 유지하려면 대대로 과거에 합격해서 관직에 진출해야 했음을 의미한다.

실제로 중종 때 사림파의 거두로 맹활약한 조광조는 본래 개국공신인 조온의 후손이었다. 하지만 할아버지가 계유정난(癸酉靖難)에 휘말려서 유배를 당하면서 집안이 기울었고, 결국 그의 아버지는 역참을 책임지는 찰방 자리로 만족해야만 했다. 이순신 장군 역시 성균관 대제학과 사헌부 장령을 역임한 조상을 두었지만 집안이 기울어지자 문과를 포기하고 무과에 도전했다. 무과에라도 합격하지 않으면 양반의 지위를 유지하기 어려웠기 때문이다. 고정된 신분계층이 아니었기 때문에 양반임을 인정받고 입증하기 위해서는 조상과 자신이 과거에 합격해서 관직에 올라야만 했던 것이다.

이렇게 양반임을 증명하기 위한 양반들의 끊임없는 도전은 조선 중기 이후 큰 위기를 맞는다. 양반들이 늘어나기 시작한 것이다. 그것도 기하급수적으로!

조선 후기에 접어들면서 신분제도가 흔들린 데엔 여러 요인이 있었다. 거듭된 전쟁으로 국가의 통제력이 약해졌고, 화폐 경제의 도입과 무역을 통해서 막대한 재산을 모은 중인과 백성들이 늘어났다. 눈에 보이지는 않지만 나름대로의 규칙이 지켜지던 신분제도는 크게 흔들린다.

경제적으로는 성장했지만 여전히 차별받던 중인들, 양반의 자식이지만 제대로 대접받지 못하던 서자들은 각각 신분 상승 운동에 나섰다. 프랑스에서는 이런 움직임이 대혁명으로 이어졌지만 조선에서는 거기까지 미치지 못했다. 조정도 이들의 청원을 거절했다. 결국 이들의 시도는 실패로 끝나게 된다. 하지만 경제력이 충분해진 중인과 백성들은 이제 자신들도 양반이 되고사 한다. 신분 보장이 좌절되자 아예 상류층으로의 변신을 도모한 것이다.

권내현 교수의 저서 『노비에서 양반으로, 그 머나먼 여정』을 보면 한 노비 집안이 2백 년에 걸쳐 양반이 되는 과정이 나온다. 이주를 통해 신분을 세탁하고, 가짜 호적을 만들고, 틈틈이 조정에서 내려주는 공명첩을 사들이는 등 온갖 수단을 통해서 마침내 양반이 되는 데 성공하는 이야기다. 당시 양반을 꿈꾸었던 사람들은 비단 그 책에 등장한 노비 집안만은 아닐 것이다.

이러한 과정을 통해 '내가 양반'이라는 사실을 객관적으로 증명해야 할 절박한 이유가 생겼고, 사람들은 그 답을 조상들의 '제사'에서 찾게 된다. 우리 집안이 대대로 양반이었으니 나와 내 후손 역시 양반이라는 것을 증명하는 데 제사만큼 완벽한 프로모션은 없었다.

제사에 게을렀던 조선의 양반들

유교를 국교로 내세운 조선왕조는 양반들에게 조상을 모시고 제사를 지내라고 권한다. 하지만 조선 초기의 이런 시도는 성공하지 못했다. 세종대왕 때까지도 집안에 가묘를 만들지 않고 신주도 모시지 않는 관료들이 많았기 때문이다. 명을 어기는 자들을 적발하고 처벌해야 한다는 의견이 나오기도 했다. 성종 때에도 양반들이 가묘를 세우지 않고 제사도 제대로 지내지 않는다면서 적발해서 처벌하라는 지시가 내려진다. 연산군 때에도 가묘를 세우지 않았다는 이유로 처벌받은 사례가 있다. 중종 때에도 상황은 크게 변하지 않았다. 중종이 신하들과 주강(晝講)을 하면서 "가묘를 세우지 않은 관리들이 많다"면서 크게 한탄한 기록이 있기 때문이다. 가묘를 세우지 않은 자들을 단속해서 처벌하라는 지시는 명종 때에도 나온다.

선조들이 자신들의 조상을 정성껏 모셨을 거라는 우리의 예상과 달리 조선의 양반들은 적어도 조선 중기까지는 가묘를 세우거나 신주를 모시는 일에 그다지 열의를 보이지 않았다. 심지어 가묘를 허름하게 짓거나 신주를 더러운 곳에 모시면서 제사도 제대로 지내지 않았다는 기록도 있다. 물론 실록에 나온 기사가 과장된 것일 수도 있지만 단속을 하라는 지시가 반복적으로 내려졌다는 사실은 이런 사례들이 적지 않았음을 의미한다.

사실 고려 후기에 성리학이 들어온 것은 소수의 지식인에 의해서다. 대다수 사람들에게 성리학은 낯선 학문이었다. 그래서 이름도 '신유학'이었다. 성리학에서 중시했던 것은 가례(家禮)라고 불리는 예절이었는데 워낙 번거로워서 쉽사리 받아들여지지 않았다. 적어도 조선 중기까지는 말이다.

255

양반을 양반이게 해주는 가례, 제사

이런 상황에 변화가 온 것은 너도나도 양반이 되겠다고 나선 조선 후기부터다. 갑자기 양반의 수가 늘어나자 이제 양반을 구분할 필요가 있었다. 하지만 작정하고 양반이 된 사람들인 만큼 쉽게 물러날 리가 없다. 결국 기존의 양반들은 그들을 압박할 무기로 '가례와 제사'라는 카드를 들고 나왔다.

예절은 오랫동안 시간과 함께 쌓이는 습관이자 취향으로 언행과 품행을 망라하는 것이기에 그것이 몸에 익은 사람과 그렇지 못한 사람을 구분하기가 아주 쉽다. 게다가 눈에 보이는 것이어서 누군가를 납득시키기도 좋다. 적어도 말로 "내가 양반이다"라고 하는 것보다 훨씬 설득력이 있다.

시간이 흐르고 성리학에 대한 이해도가 높아지면서 원조 양반들은 제사를 '알아서' 충실하게 모시게 되었다. 송익필과 김장생, 송시열로 이어지는 조선의 예학은 후대로 갈수록 큰 영향력을 발휘했는데, 예학의 중심이 바로 제사였다. 이후 조선 후기로 접어들면서 제사에 목숨을 걸어야만 하는 또 다른 이유가 생겼다. 바로 재산상속 문제였다.

몇 십 년 전까지 부모의 유산은 장자에게 가장 많이 혹은 전부 다 주어졌다. 재산을 상속받은 장자는 동생들에게 유구한 민족의 전통이라면서 불만을 일축시켰다. 하지만 그 유구한 전통은 생각보다 오래된 게 아니다.

본래 조선의 유산 상속 방식은 '형제들 모두 공평하게'였다. 여자 형제들을 포함해서 말이다. 이런 방식에 변화가 온 것은 조선 후기에 접어들면서다. 형제들에게 재산을 쪼개서 나눠주면 집안의 가세를 유지할 수 없다고 생각하여 결국 몰아주기가 대세가 되었고, 대상자는 역시 장자였다. 하지만 동생들이 불만을 잠재울 만한 것이 필요했다. 그것이 바로 제사다.

집안의 제사를 모셔야 하기 때문에 재산을 상속받는다는 명분은 성리학의 나라 조선에서는 누가 봐도 강력했다. 장자가 아니라고 해도 제사를 모시는 자손인 봉사손(奉祀孫)이 집안에서 가장 큰 발언권을 가지게 된 배경도 여기에 있다. 자연스럽게 혼인으로 남의 집안사람이 된 딸들을 재산상속에서 배제했고, 제사를 모시는 일에 온갖 격식과 절차가 도입된다. 재산을 상속받았다는 사실을 남에게 납득시킬 수 있을 만큼 크고 화려하게 제사상을 차릴 수밖에 없게 된 것이다. 덕분에 조선 초기에는 사당도 안 만들고 신주도 안 모시던 양반들이 조선 후기가 되면 『주자가례』에 나오는 것보다 더 많은 제사를 모시게 된다.

이 모든 게 양반을 향한 염원과 재산 상속이라는 명분 사이에서 벌어진 일들이다. 물론 앞서 말한 대로 시간이 흐르면서 성리학에 대한 이해도가 높아진 것도 중요한 이유였다. 그리고 그 제사상에 조기가 올라갔다.

조기가 제사상을 점령한 이유

제사상에 반드시 조기를 올려야 한다는 법은 없다.『주자가례』에도 제사를 모셔야 한다는 점만 나왔을 뿐 어떤 음식을 제사상에 올려야 하는지에 대한 언급은 없다.

사람들은 제사상을 차려야 한다고 생각했을 때 별다른 고민 없이 조기를 떠올렸다. 왜 그랬는지 알 수는 없지만 짐작할 바는 있다. 조기야말로 어디서나 어렵지 않게 구할 수 있는 음식이었으니까. 한양은 물론 바다와 멀리 떨어진 내륙에서도 쉽게 구할 수 있다는 점이 안심하고 제사상에 올릴 수 있는 이유가 되었다. 아무도 제사상에 조기를 올리라고 시키지 않았는데도 제사상을 차린다고 결심했을 때 자연스럽게 조기를 포함시키게 된 배경이다.

물론 이것은 엄밀히 말해 유교라는 의례에 대대로 조기를 즐겨 먹었다는 관습이 결합된 결과라고 보아야 한다. 이 과정에서 여러 일들이 벌어졌다. 우선 조기에게서 군자의 덕을 찾는 이야기가 나왔다. 조기는 네 가지의 덕을 가지고 있는데 첫째, 물속에서 흐트러짐 없이 갈 길을 가는 예의가 있고, 둘째, 잡혀서 소금에 절여도 굽히지 않는 의가 있으며, 셋째, 내장에서 냄새가 나지 않아서

---

* 조기가 물속에서 똑바로 헤엄치는 것은 예의 때문이 아니라 머리 안에 든 이석 탓이다. 이석은 사람의 귀에 있는 세반고리관처럼 조기의 평형을 유지해준다.

오늘날의 제사상에도 조기는 빠지는 법이 없다.

깨끗하고, 마지막으로 더러운 곳을 피해서 몸을 깨끗하게 할 줄 안다는 것이다. 매우 재미있는 해석들이다.

제사상 음식으로 간택되면서 조기는 이제 자신의 생에 마지막 방점을 찍게 된다. 어디서나 구할 수 있는 싸고 맛있는 생선이 제사상까지 올라가게 되었으니 사람들이 좋아하지 않을 이유가 없다.

조기가 제사상에 올라간 또 다른 이유는 외모에 있다. 조기는 바짝 말리면 모양이 심하게 변해버리는 기타 어종과 달리 굴비로 가공이 되어도 비교적 온전한 형태로 남는다. 다른 생선은 말리기 위해서 배를 가르고 내장을 제거하면서 모양이 변하지만 조기는 내장을 제거하지 않고 그대로 말리기 때문이다. 더군다나 제사상은 먹기 위해 차리는 것이 아니라 보여주기 위한 측면도 존재하는 만큼 미끈하고 잘 생겼으며, 굴비로 만들어도 외형이 크게 상하지 않는 조기가 인기를 끌 수밖에 없었다.

옛날 보부상들은 항상 잘 말린 커다란 굴비를 따로 포장해서 들고 다녔다. 그러다가 혼례나 장례가 열리는 곳에 가면 으레 굴비를 내놨다. 당장 상에 올려도 좋을 듯한 굴비를 본 사람들은 보부상이 부르는 대로 값을 쳐주었다. 외모 지상주의가 아니라 외모 조기주의인 셈이다. 맛도 가격도 좋고 게다가 외모까지 출중했으니, 조기는 요즘 말로 하자면 어류계의 엄친아가 아니었을까?

제7장

바다를 떠난 조기, 밥상에 오르다

조기를 찾아서

문헌 속의 조기

조기의 기원은 짐작보다 훨씬 오래다. 기원전에 만들어진 『설문해자(說文解字)』라는 중국어 사전에 '낙랑에서 조기가 잡힌다'는 대목이 나올 정도다. 『조선왕조실록』에는 '태조 이성계가 조기를 종묘에 바쳤다'는 기록이 나오는 것을 시작으로 각종 문헌에 모습을 드러낸다. 조선 후기 실학자인 서유구(徐有榘)가 지은 『난호어목지(蘭湖漁牧志)』에는 다음과 같은 기록이 있다.

동해에는 조기가 없고, 오직 서남해에서만 산출된다.
곡우(穀雨)▪▪ 전후에 무리를 지어 남쪽으로부터 서쪽으로

▪ 중국 후한 때, 허신이 편찬한 자전. 문자학의 기본석인 고선의 하나도, 한사 9,353자를 수집하여 540부(部)로 분류하고 육서(六書)에 따라 글자의 모양을 분석·해설하였다.
▪▪ 24절기 중 여섯 번째 절기로 음력 3월 중순이다. 이때부터 본격적으로 농사짓는 일이 시작된다.

오므로 그것을 잡는다. 호남의 칠산으로부터 시작하여, 해서의 연평도에서 번성하고 … (중략) … 상인들이 운집하고, 배들이 사방으로 실어 나른다. 소금을 약간 뿌려 말리면 마른 굴비가 되고, 소금에 절이면 조기젓이 된다. 나라에 흘러 넘쳐서, 귀한 사람이나 천한 사람 모두 맛있는 음식으로 여긴다. 생선 중에 가장 번성하고 가장 맛있다.

곡우 때 잡힌 조기는 산란 직전이라 알이 꽉 차 있고, 살도 많이 오른 상태라서 최고급품으로 대접받는다. 이때 잡힌 조기로 만든 굴비 역시 비싼 값에 팔린다. 정약용의 형인 정약전이 쓴 우리나라 최초의 해양생물학 사전인 『자산어보』*에도 조기는 추수어라는 이름으로 등장한다. 그물로 잡으면 감당할 수 없을 정도로 많이 잡혀서 배에 다 실을 수 없다고 소개한다. 19세기 후반 지도 군수를 지낸 오횡묵이 쓴 『지도총쇄록(智島叢瑣錄)』에도 조기에 관한 언급이 있다.

법성포의 서쪽 바다는 배를 댈 곳이 없다. 이곳에 있는 칠뫼라는 작은 섬들이 위도에서부터 나주까지의 경계가 되는데 이를 통칭하여 칠산 바다라고 한다. 서쪽 바다는

---

* 최근 들어서 『현산어보』로 불러야 한다는 움직임이 있다.

망망대해이다. 해마다 고기가 많이 잡히므로 팔도에서
수천 척의 배들이 이곳에 모여들어 고기를 사고파는데
오고가는 거래액이 가히 수십만 냥에 이른다. 이때 가장
많이 잡히는 물고기는 조기로 팔도 사람들이 모두 먹을 수
있을 정도로 어획량이 많다 … (중략) … 그물을 치고 고기를
잡는 배가 근 백여 척이 되며 상선 또한 왕래하여 그 수가
거의 수천 척에 이른다.

오횡묵이 목격한 수천 척의 어선들이 망망대해에서 그물을 내
려 조기를 잡는 풍경은 수백 년간 이어져온 인간과 조기의 관계를
극명하게 드러내는 장면이다. 조기는 시대에 따라서 명칭이 다르
게 불렸으며, 일제강점기가 되면서 일본 어부들의 그물에 잡히는
신세가 되기도 했다.

이제 연평도와 칠산 바다에서는 더는 조기를 잡을 수 없다. 흑
산도와 추자도에서나 간간히 잡히는 정도다. 조기를 잡기 위해 남
중국해까지 내려가기도 한다. 하지만 조기를 즐기는 우리의 입맛
은 여전하다. 덕분에 먼 바다에서 잡혀온 조기들도 영광의 법성포
에서 굴비로 변신하여 우리 밥상에 오르고 있다.

자린고비 이야기 속의 조기

이자겸과 더불어 굴비를 유명하게 만들어준 또 한 사람은 자린고비다. 구두쇠의 화신으로 통하는 자린고비는 수많은 일화를 남겼다. 장독에 앉은 파리의 다리에 묻은 장이 아깝다면서 충주에 있는 자기 집에서부터 단양 단벽루까지 수십 리를 쫓아가 파리 다리에 묻은 장을 빨아먹었다든지, 한여름에 부채질을 하면 부채가 닳을까 봐 천장에 매달아놓고 고개를 살살 흔들었다든지 하는 이야기들이다. 하이라이트는 다른 지역에서 온 구두쇠와 혈투를 벌인 것인데, 온갖 기상천외한 대결 끝에 승리는 결국 자린고비에게 돌아갔다.

그의 투철한 근검절약 정신을 엿볼 수 있는 일화 중 하나가 저 유명한 굴비 이야기다. 바로 천장에 굴비를 매달아놓고 밥을 먹었다는 것이다. 굴비가 입안에 있다고 생각하면서 밥을 먹었다는 이야기인데 참으로 자린고비다운 방식이다. 그런데 하루는 아들이 무슨 생각에서인지 굴비를 연거푸 쳐다보았고 이에 자린고비는 역정을 냈다. 너무 오래 쳐다보면 짜서 물을 마셔야 한다면서. 이 이야기의 포인트는 당연히 자린고비지만, 우리는 여기서 굴비의 두 가지 특성을 눈치 챌 수 있다. 바로 짠맛과 친근함이다.

오늘날 우리가 먹는 굴비에서는 그다지 짠맛이 느껴지지 않지만, 옛날 굴비는 달랐다. 소금에 절이고 바닷바람에 꾸덕꾸덕해질 때까지 말렸기 때문에 엄청 짠 편이었다. 거기다 냉장고가 없던 시절이라 있는 집에서는 보리 뒤주에 넣고, 형편이 안 되는 집에서는 소금 항아리에 넣어서 보관했다. 소금에 절인 생선을 다시 소금 항아리에 넣었으니 짠맛은 나날이 더해졌을 것이다. 그러니 굴비를 보면 자연스럽게 짠맛을 연상할 수밖에 없었을 터다. 자린고비가 굴비를 오래 쳐다보면 짜서 물을 많이 먹어야 한다고 타박한 것도 허무맹랑한 이야기는 아니다.

두 번째 특성은 친근함이다. 즉 구전되는 이야기에 등장할 만큼 조기가 조선시대 사람들에게 굉장히 익숙한 반찬이었다는 뜻이다. 너도 나도 조기를 어획하고, 파시를 일으키고, 기어이 여러 경로를 거쳐 수라상은 물론 제사상과 서민의 밥상까지 맛으로 점령했던 조기, 그리고 소박한 변신의 산물인 굴비. 조기는 분명 우리 민족의 밥 친구임에 틀림없다.

조기의 이련 맛 저련 맛

보리에 들어간 굴비

왕세제 시절 경종으로부터 의심을 받아서 죽을 뻔한 위기에 처했던 영조는 아이러니하게도 자기 아들인 사도세자를 직접 죽였다. 임오화변(壬吾禍變)이라 불리는 이 사건이 발생한 후에도 영조는 죽은 아들의 몫까지 여든 살이 넘게 살았다. 조선시대로서는 아주 장수한 편이었는데 덕분에 온갖 병을 달고 살아야만 했다.

아파서 입맛을 잃은 영조가 즐겨 찾았던 것이 바로 굴비다. 그 중에서도 영조는 보리굴비를 즐겼다. 보리쌀이 담긴 항아리 안에 넣어서 보관한 것이 보리굴비인데, 보리 속에 파묻으면 한여름에 보관하기 수월하고 보리향이 굴비 안에 스며들어 구수해진다는 장점이 있었다. 아울러 굴비의 기름기를 보리가 흡수하면서 더욱 담백해졌다.

하지만 굴비를 보관하는 데 쓰인 보리는 밥을 짓거나 죽을 끓이

잘 말린 보리굴비. 보기만 해도 군침이 돈다. 짭짤하면서도 진한 맛은 잃어버린 입맛을 찾아준다.

ⓒ정명섭

는 데 사용할 수 없었다. 굴비를 꺼낸 다음에는 버려야만 했다. 넉넉한 집안에서나 보리굴비를 즐길 수 있었던 이유다.

소금에 들어간 굴비

영조가 좋아했던 보리굴비는 곧 양반들도 즐기게 되었다. 무더운 한여름 대청마루에 앉아서 먹는 찬밥과 보리굴비는 보신탕이나 삼계탕에 미치지는 못해도 꽤 괜찮은 보양식으로 인기를 끌었다. 영조나 양반들은 보리 안에 파묻은 굴비를 즐겨 먹었지만 가난한 사람들은 먹기에도 부족한 보리를 이런 데 쓸 수 없었다.

271

대용으로 나온 것이 소금단지다. 아무리 형편이 어려워도 소금은 가지고 있었으니 말이다. 게다가 굴비도 소금에 절인 것이어서 별다른 문제가 없었다. 물론 굴비의 기름기 때문에 소금에 냄새가 배긴 했지만 어차피 음식에 들어가는 터라 그 맛을 느끼지는 못했다. 문제는 소금이 스며들면서 가뜩이나 짠 굴비가 더욱 짜게 변했다는 점이다. 하지만 덕분에 굴비를 조금만 먹게 되었으니 살림에 여유가 없는 집안에서는 도리어 환영할 만한 일이었다. 자린고비가 천장에 매달아놓고 두 번 보면 짜다고 역정을 냈던 굴비도 분명 소금단지 속에 오랫동안 들어가 있었던 것일 터이다.

입맛을 잃은 영조가 물에 만 찬밥과 함께 먹었던 보리굴비와 자린고비가 천장에 매달아놓고 밥먹을 때마다 바라봤던 짜디 짠 굴비에 관한 이야기는 조기가 임금으로부터 백성에 이르기까지 모두에게 사랑받았음을 보여주는 예라고 할 수 있다.

고추장을 입은 굴비

위의 두 가지 방식만큼은 아니지만 고추장에 재운 굴비도 나름대로 인기를 끌었다. 굴비와 고추장을 별도로 먹다가 좀 더 간단하게 즐기고 싶다는 생각의 결과물이 고추장굴비 혹은 굴비장아찌 아닐까?

고추장굴비 혹은 굴비장아찌는 잘 손질된 굴비를 고추장단지 안에 몇 달 동안 넣어서 숙성시킨 다음 마늘과 참기름을 섞어서 만든다. 이 음식을 만들려면 굴비와 고추장을 쉽게 손에 넣을 수 있어야 했다. 따라서 고추장굴비는 주로 전라도 지방에서 먹었다.

이렇게 다양한 방식으로 굴비를 먹었다는 것은 그만큼 흔히 볼 수 있는 음식이었으며, 이런 저런 고민을 할 정도로 사랑을 많이 받은 음식이었음을 보여주는 증거일 것이다. 굴비를 그저 오랫동안 먹었던 음식으로만 치부할 수 없는 이유도 바로 여기에 있다.

영조는 고추장에 찍은 보리굴비를 먹으면서 먼저 떠나간 아들을 떠올렸고, 자린고비는 천장에 매달린 조기를 보면서 자신의 근검절약 정신을 이어갔다. 이름 모를 어머니들은 배고프다고 채근하는 자식들을 보고 난감해하다가 소금단지 안에 넣어둔 굴비를 떠올리고는 흐뭇한 미소를 지었을 것이다.

삶과 음식은 불가분의 관계일 수밖에 없다. 조기가 선택되고, 굴비로 재탄생되어가는 과정 역시 눈에 보이거나 쉽게 기억할 수는 없지만 분명 우리 안에 자리 잡은 역사라고 할 수 있다.

⠇ **승기악탕 속의 조기**

가수 겸 배우 이승기는 알아도 승기악탕(勝妓樂湯)은 처음 듣는 사람들이 많을 것이다. 조선시대에도 마찬가지여서 적지 않은 혼선을 빚었는데, 그 혼란이 오늘날까지 고스란히 전해졌다.

승기악탕의 유래를 보자. 조선 성종 때 북방을 침입한 여진족이 노략질을 일삼자 조정에서는 허종을 보내 막도록 한다. 군대를 이끌고 온 허종이 의주에 도착하자 그 지역의 백성들은 크게 환영한다. 그리고 여진족의 공포에서 벗어날 수 있게 해준 허종에게 정성껏 만든 음식을 바쳤다. 백성들이 바친 음식은 도미를 구운 다음 각종 채소로 고명을 얹어서 끓인 것으로 도미찜과 비슷했다. 이들이 바친 음식의 맛에 감탄한 허종이 자신이 먹은 것의 이름을 묻자 백성들은 처음 만든 음식이라 이름이 없다고 대답했다. 이야기를 들은 허종은 자신이 먹은 음식이 기생과 음악이 주는 즐거움보다 더 컸다면서 승기악탕, 즉 '기생과 음악을 이긴 탕'이라는 이름을 지어주었다고 한다.

물론 이 이야기 역시 이자겸의 굴비 일화처럼 사실일 가능성은 희박하다. 자신을 돕기 위해 달려온 고위 관리에게 이름조차 없는 처음 만드는 음식을 바쳤을 리 없을뿐더러 그 음식을 먹고 정한 이름이라는 것도 끼워 맞춘 듯한 느낌을 주니 말이다. 더욱 결정적인 이유는 권위 있는 조정 대신이 이렇게 명확하게 작명했음에도 승기악탕의 이름이 승가기, 승기악탕처럼 제각각으로 전해졌다는 점 때문이다. 심지어 조리법도 다르다.

빙허각 이씨가 쓴 『규합총서(閨閤叢書)』에 나오는 승기악탕은 닭

찜이다. 잘 다듬은 닭의 뱃속에 버섯과 돼지고기 등을 넣어서 탕처럼 끓인 것인데 왜관 음식으로 기생이나 음악보다 좋다는 뜻에서 승기악탕이라 불렸다고 한다. 반면, 조선 후기 관리인 최영년이 쓴 『해동죽지(海東竹枝)』에는 승가기라는 이름으로 소개된다. 해주의 특산물인 싱싱한 조기의 포를 떠서 전으로 부치고 뼈로 진한 육수를 낸 다음에 버섯과 채소 등을 넣고 끓이는 음식이다.

이렇게 같은 음식인데도 이름이 조금씩 다르고, 요리법도 틀린 이유는 이 음식이 어디에선가 갑자기 들어와 빠른 시간에 퍼져나가며 혼선이 생겼기 때문이다. 답은 왜관에서 찾을 수 있다. 조선은 교역을 위해 건너온 왜인들을 외부와 접촉하지 못하게 차단시켰다. 따라서 왜관 주변은 높은 담장이 세워진 것은 물론 문마다 병사들이 지키고 있기 일쑤였다. 그렇다고 교류가 아주 없었던 것은 아니다. 교역하러 왔던 왜인들이 담장을 넘어서 장사를 했는가하면 조선 사람들도 몰래 드나들면서 물건을 사고팔았기 때문이다. 그런 와중에 일본의 음식이 조선에 소개되었는데 그것이 바로 승기악탕의 원조 혹은 조상에 해당되는 음식이다.

왜관의 왜인들과 공식적으로 접촉하거나 혹은 일본에 통신사로 간 관리들이 남긴 기록에서 승기악탕이라는 음식을 어렵지 않게 찾아볼 수 있다. 여러 가지 재료를 냄비에 넣고 간장으로 간을 맞추는 일종의 찌개인데, 이것이 조선 사람들의 입맛을 확 사로잡았다. 일본인들은 이 사실을 알고 나서 조선 관리들에게 특별히 신경을 써서 내놓도록 했는데, 이 요리의 이름이 바로 스키야끼, 승기악탕의 진짜 조상이라 할 수 있다.

딱 꼬집어서 말할 수는 없지만 승기악탕의 이름은 허종이 지어 준 것이 아니라 스키야끼를 편하게 부른 것이 아니었을까? 일본어를 옮겨야 했기에 혼란이 왔을 테고, 덕분에 오늘날까지 연구자들의 골머리를 앓게 만든 것 같지만, 왜관이나 일본에 가서 스키야끼를 맛본 관리들은 하나같이 감탄했고 결국 조선의 요리로 자리 잡게 된 것이다. 허종의 고사 같은 족보 세탁까지 행하면서 말이다.

: 조기와 김치

김치는 우리 민족을 상징하는 음식이다. 천하의 조기도 김치 앞에 서는 한 발 물러나야 하는 형국이다. 김치는 다양한 재료들을 넣어서 여러 가지 맛을 낼 수 있다는 장점이 있다. 그 여러 가지 재료 중에는 조선시대에 흔하게 구할 수 있었던 조기도 포함된다. 『조선무쌍신식요리제법(朝鮮無雙新式料理製法)』이라는 긴 이름을 가진 요리책은 1924년에 출간되었다. 이 책에는 약 30가지에 달하는 각종 김치 요리법이 나오는데 그중에 조기를 이용해서 김치를 담그는 방법도 나온다.

먼저 조기를 김치와 함께 항아리에 넣는 방식이 있다. 아울러 조기로 만든 젓국은 맑고 깨끗해서 김장할 때 넣으면 시원한 맛을 낼 수 있다고 밝히고 있다. 또한 심치와 함께 절인 조기의 활용법도 나온다. 김치와 함께 절인 조기의 머리를 제거하고 꼭 짜낸 다

음 그릇에 하나씩 놓고 설탕을 쳐서 돌로 눌러 봉해놓으라는 것이
다. 며칠 후에 이것을 꺼내서 쭉쭉 찢어서 먹으면 술안주로 일품
이라고 설명한다. 김치의 온갖 재료가 스며든 상태라 다양한 맛을
낼 수 있을 것 같기는 하다.

하지만 이 방법은 최신 요리법이 아니었다. 조선 후기 빙허각 이
씨가 쓴 『규합총서』에도 이미 이런 요리법이 등장하기 때문이다.
일단 조기 머리 껍질과 다른 재료를 넣고 끓인 육수를 이용해서
어육김치를 만드는 법이 나온다. 또 섞박지에 조기젓을 넣으면 시
원한 맛을 낼 수 있다고 적어놓았다. 조선시대 주부들은 김치를
담그면서 다양한 재료들을 함께 넣어 오묘한 맛을 증폭시켰는데
조기도 그중 하나였다. 김치와 조기는 언뜻 생각하면 어울리지 않
을 것 같지만 발효되면서 여러 가지 맛을 낼 수 있다는 점을 감안
하면 잘 어울릴 것도 같다. 조기와 김치의 콜라보는 조기가 가지
고 있는 산뜻한 맛이 김치가 품고 있는 다양함이 어우러진 맛과
잘 어울린다는 사실을 보여준다. 음식이 지닌 고유한 맛, 저마다의
맛이 자랑하는 위대함의 한 단면이라 할 수 있지 않을까?

1939년 요리 연구가 조자호가 발간한 『조선요리법』이라는 책에
도 조기 김치 요리법이 들어 있는데 앞에 소개한 것과 약간 다르
다. 일단 배추와 무를 적당한 크기로 잘라서 소금에 살짝 절이고
물로 씻어낸 다음에 마늘과 파, 생강을 채로 썰어서 섞고 미나리
의 연한 줄기를 잘라서 씻은 다음에 넣으라고 나온다. 재료들을

모두 버무린 다음에 소금으로 간을 맞춰서 항아리에 담는데 이때 설탕을 조금 넣으라고 한다. 이렇게 만든 김치가 적당히 익으면 조기를 준비한다. 살만 발라낸 조기를 녹말에 묻혀서 끓는 물에 넣어서 삶는다. 삶은 조기를 꺼내서 찬물에 헹군 다음 김치 한 포기와 삶은 조기를 함께 번철에 볶는 방식이다. 볶은 김치와 조기를 식힌 다음에 항아리의 김치 국물을 부으면 조기로 만든 김치가 완성된다. 봄철에는 조기로 하고 여름철에는 민어로 만들라는 이야기가 마지막에 나온다.

⋮ 여러 가지 조기 요리법

『증보산림경제(增補山林經濟)』의 조리법 ···· 오랫동안 우리 민족과 함께 해온 조기는 얽힌 이야기 종수만큼이나 다양한 요리법을 자랑한다. 영조 때 편찬된 『증보산림경제(增補山林經濟)』에는 조기를 다루는 요리법이 나온다. 일례로 조기는 탕이나 구이로 먹어도 좋고, 소금에 절여서 바싹 말리면 그대로 찢어서 먹는 것도 맛있다거나 '조기의 알로 따로 젓을 담글 수 있다'는 것들이다.

허균이 요리한 조기 ···· 『홍길동전』의 저자이자 불온한 혁명가였던 허균에게는 맛있는 음식을 탐내는, 전혀 어울리지 않는 습관이 있었다. 덕분에 반대파들의 공격을 받아서 관직에 임용되자마자 파직되는 일을 반복했다. 그러던 중 한 번은 과거시험관으로 재직하던 중에 조카와 조카사위를 부정한 방법으로 합격시켰다는 죄를 받게 되어 전라도로 귀양을 갔다.

낯선 곳에서의 귀양생활은 맛있는 것에 목숨을 거는 그에게 지옥과 같았다. 그는 고통을 조금이나마 잊기 위해서 예전에 먹었던 음식에 관한 이야기를 남기기로 마음먹는다. 조선 팔도에서 나는 온갖 음식과 식재료들에 대해서 이야기를 쓰기 시작한 것이다. 이렇게 해서 탄생한 책이 바로 『도문대작(屠門大嚼)』인데, 여기에 조기 이야기도 들어 있다.

허균은 조기를 서해의 특산물로 거론하면서 특이하게도 아산에서 잡은 것을 최상급으로 쳤다. 아울러 '삶으면 냄새가 나지 않았다'고도 적었다. 허균은 황조기를 특히 좋아했는데 조리법도 다양했다. 우선 굴비로 된 황조기를 살짝 구워서 먹거나 혹은 물을 조금 붓고 찜으로 먹으면 여름철에 잃었던 입맛을 찾게 된다고 말한다. 또 토막을 내서 쑥갓과 함께 장국에 넣어서 먹으면 시원한 맛이 일품이라고 기록했는가 하면 자신의 궁궐 출입 경험에 비추어 볼 때 궁궐에서는 조기를 젓갈로 담아서 먹는다는 비밀 아닌 비밀도 털어놓는다.

빙허각 이씨의 조기 요리법 ···· 조선 후기 빙허각 이씨가 남겨놓은 『규합총서』는 여인이 집안에서 해야 할 일을 적어놓은 일종의 '살림 가이드' 책이다. 이 책은 바느질부터 음식 만들기에 이르기까지 시집온 며느리가 해야 할 모든 일에 대한 이야기가 담겨 있는데 그중 상당 부분이 요리법에 할애되었다.

빙허각 이씨가 남긴 요리법 중 조기에 관련된 내용을 보자. 그녀는 일단 연평도에서 잡힌 조기를 최고로 쳤다. 이것이 허균과 다른 점인데, 조기를 하나의 요리로 인식한 허균과 달리 빙허각 이씨는 조기를 요리 속에 들어가는 재료로서 설명했다. 그리고 꾸덕꾸덕하게 말린 조기를 비롯한 생선과 각종 고기를 메주와 함께 항아리에 넣어서 만든 어육장도 소개했다.

회로 먹는 조기 ···· 지금으로서는 상상할 수 없는 방법으로 조기를 요리하기도 했다. 바로 회로 먹는 것이다. 구이나 찜, 혹은 탕으로만 만나던 조기를 얇게 저며 쟁반에 올린 모습은 쉽게 상상하기 어렵다. 조선시대 조기는 무조건 굴비로만 만들었을 거라는 선입견과도 거리가 먼 얘기다. 하지만 일본 사람들이 사시미를 즐기는 것처럼 조선 사람들도 어회(魚膾)를 즐겼다. 삼면이 바다이고 조기나 청어, 대구를 매년 엄청나게 잡는 나라에서 날 생선을 먹지 않았다면 오히려 이상한 일이다.

조기회 요리법은 『시의전서(是議全書)』라는 조선 후기 요리책에 나온다. 어회의 종류를 설명하는 과정에서 조기회가 나온 것인데, 눈길을 끄는 것은 조기회를 찍어먹는 독특한 양념장이다. 초장에 고춧가루와 파, 생강 등을 넣어서 만든 것으로 겨자를 쓰는 것도 괜찮다고 나온다.

『시의전서』에는 조기 외에도 민어 같은 다른 생선들의 어회 요리법이 들어 있다. 일제강점기에 사시미가 들어왔지만 우리 식의 어회도 나름대로 명맥을 유지한다. 그러나 해방 후 명칭을 정리하면서 어회는 사라지고 생선회가 그 자리를 대체했고, 이제 사람들은 그냥 회라고 부른다. 이로써 오랜 전통을 자랑하던 어회도 역사의 뒤안길로 사라지고 말았다.

⋮ 『조선요리법』에 나오는 조기 요리법

조기로 굴비 만들기 ⋯⋯ 앞서 소개한 『조선요리법』에는 조기 김치 이외에도 조기에 관한 여러 가지 요리법이 나온다. 아예 굴비를 만드는 법도 나온다. 일단 크고 굵은 조기를 소금에 알맞게 절였다가 차곡차곡 쌓아놓고 무거운 돌로 눌러놓으면 굴비로 만들 수 있다는 것이다. 법성포나 다른 곳에서 조기를 굴비로 만들 때 쓰는 방식과 비슷하다. 책에는 왜 이렇게 해야 하는지 이유도 나온다. 이 방법대로 해야만 조기의 살이 잘 마르고 굽어지지 않는다는 것이다. 그런 다음 잘 말린 굴비를 방망이로 두들겨서 펴고 껍질을 벗겨 반으로 쪼갠 뒤 진간장에 절이면 굴비가 완성된다.

조기지짐 ···· 조기지짐이라는 요리법도 있다. 먼저 큼직한 조기의 머리를 자른 다음에 세 토막으로 나눈다. 그러고 나서 소고기를 잘게 썰어서 고추장과 간장, 참기름, 깨소금을 섞고 물을 부어서 끓인다. 내용물이 끓기 시작하면 조기와 미나리를 넣고 계속 끓인다. 이렇게 하면 조기지짐이 완성된다. 된장으로 간을 하는 토장국으로 분류되지만 정작 재료에는 된장이 들어가지 않았다는 점이 눈길을 끈다.

조기로 국을 끓이는 요리법도 따로 나온다. 손질한 조기를 알맞게 토막 내어 밀가루와 계란을 입힌 다음 번철에 굽는다. 그 다음에 장국을 끓여서 그 안에 익힌 조기를 넣고 쑥갓을 올리면 조깃국이 완성된다. 밀가루와 계란을 입혀서 구운 조기로 끓인 장국은 요즘에는 쓰지 않는 방식이라 어떤 맛인지 몹시 궁금하다.

조기국수 ···· 이 책에서 가장 눈에 띄는 것은 조기국수다. 조기국수의 요리법은 지금 기준으로 보면 매우 흥미롭다.

일단 싱싱한 조기의 비늘을 긁어내고 깨끗하게 손질한 다음에 배를 갈라서 뼈를 떼어낸다. 그리고 세 토막을 내서 소금을 살짝 뿌리고, 밀가루와 달걀을 입혀서 번철에 부친다. 그러고는 다져놓은 소고기를 양념해서 완자 형태로 만들어 역시 달걀과 밀가루를 입혀서 번철에 부친다. 그리고 쑥갓을 다듬어서 씻어놓은 다음 맑은 장국을 끓인다. 잘 끓은 장국에 밀가루와 달걀을 입혀서 부친 조기를 고기완자와 함께 넣은 다음 위에 쑥갓을 얹는다. 국수를 잘 삶아서 헹군 다음 장국 국물에 여러 번 토렴(退染)*해서 따뜻하게 만들고 그릇에 모양을 내서 담는다. 그 다음에 장국에 들어가서 잘 끓여진 조기와 완자를 꺼내 국수에 올려놓고 역시 쑥갓으로 모양을 낸다. 이렇게 국수와 장국을 따로 내놓으면 손님이 장국을 부어서 먹는데 이것이 바로 조기국수다. 이때 조기를 찍어먹을 수 있게 식초에 고춧가루를 타서 내놓으라고 팁을 준다.

도미국수 요리법과 유사한 방식인 것을 감안하면 역시 도미국수에서 도미 대신 조기를 쓴 것으로 보인다.

조기구이 ⋯⋯ 이 책에는 조기구이 요리법도 간단하게 나온다. 일단 알이 꽉 찬 실한 조기의 머리와 꼬리를 자르고 몸통에 칼집을 내어 피를 뺀 다음, 갖은 양념을 한 간장을 발라가면서 앞뒤로 여러 번 굽는다. 다 구운 후에는 참기름을 발라서 윤이 나도록 만들어야 한다고 적혀 있다.

---

* 따뜻한 국물에 밥이나 국수를 여러 번 넣었다 빼서 따뜻하게 만드는 것이다.

284

이 조리법은 간장 조기구이 정도로 보면 될 것 같다. 또 다른 조기구이 요리법은 설탕과 소금을 녹인 참기름을 발라서 굽는 것이다.

조기회 …… 조기회에 대해서도 자세하게 나온다. 먼저 조기의 머리를 자르고 배를 갈라서 뼈를 제거한다. 그다음 얇게 포를 뜨고 세로로 길게 썰라고 나온다. 실고추와 참기름을 조금 치고 소금으로 간을 맞춘 뒤 수저로 잘 섞이도록 저어준다. 그리고 초고추장을 함께 내놔서 찍어먹을 수 있도록 준비하라고 한다. 앞서 『시의전서』에 나온 조기회 방식과 아주 유사하다. 결정적인 차이라면 조기회 자체에 양념을 했다는 점이다.

조기젓 담그기 …… 조기젓 담그는 법도 흥미롭다. 조기젓을 담글 때 쓰는 조기는 싱싱한 것보다는 약간 상한 게 좋다고 나와 있는데, 이는 약간 상해야 물기가 많이 나오기 때문이다. 조기의 비늘을 긁어내고 지느러미를 제거한 다음에 아가미와 입에 소금을 넣는다. 그러고 나서 항아리에 넣고 그 위에 소금을 수북하게 뿌린다. 차곡차곡 소금에 절인 조기를 담은 다음 무거운 돌로 눌러놓고 뚜껑을 잘 닫는다. 이때 쓰는 소금은 요즘 사용하는 천일염이 아니라 조선시대 방식대로 바닷물을 끓여서 만든 소금이다.

조치 만들기 …… 요즘의 찌개나 찜처럼 국물이 별로 없는 조치라는 요리도 나온다. 우선 손질한 조기의 지느러미와 머리를 자른 다음 알맞게 토막을 쳐서 냄비에 넣는다. 잘게 썬 소고기에 고추장과 참기름을 넣고 잘 섞은 다음 조기 위에 올려 놓고 물을 부어서 자작하게 끓인다. 이때 싱거우면 간장으로 간을 맞추라는 지시도 적혀 있다.

1939년에 나온 요리책에 이처럼 다양한 조기 요리법이 들어 있다는 것은 결국 조선시대가 끝나고 일제강점기에 접어들어서도 여전히 조기가 사랑받았음을 보여준다.

『조선무쌍신식요리제법』의 조기 요리 …… 이 책에도 조기를 요리하는 내용이 나온다. 그러나 특이하게도 조기회에 대해서는 특별한 맛이 없을 것이라면서 혹평을 남겨놓았다. 대신 싱싱한 조기를 잘 손질해서 토막을 낸 다음에 맑은 장국에 넣어서 먹거나 혹은 고춧가루나 고추장을 풀어서 매운탕으로 먹는 것이 좋다고 적혀 있다.

『조선요리제법(朝鮮料理製法)』의 조기 요리법 …… 『조선요리제법(朝鮮料理製法)』에도 조기로 찌개를 끓이는 법이 나온다. 자반조기, 즉 굴비에 참기름을 발라서 구워 먹으면 맛이 일품이라고 나온다. 물을 부어 찜으로 만들어 먹는 요리법도 소개되어 있다.

약으로도 쓰이는 조기

조기와 굴비에 대한 기록은 조선시대 각종 문헌에서도 어렵지 않게 찾아볼 수 있다. 조선 전기의 의관인 전순의가 쓴 『식료찬요(食療纂要)』라는 조선시대 식이요법서가 있다. 이것은 세조의 명령에 따라 집필된 책으로 주변에서 쉽게 구할 수 있는 재료들을 가지고 몸에 좋은 음식들을 만드는 방법을 소개하고 있다.

이 책에는 조기가 몸에 좋은 음식으로 나온다. 특히 창만(脹滿)이라고 부르는 증상에 효과가 있다고 한다. 창만은 배가 불러서 속이 거북한 증상을 뜻하는데 그중 하나인 졸복창(卒腹脹)은 갑작스럽게 배가 불러오고 소화가 되지 않는 증상을 말한다. 이때 조기를 구워서 먹으면 증상이 해결된다는 것이다.

그 외에도 이질을 뜻하는 제리(諸痢) 중 급성에 증상이 심한 이질을 뜻하는 폭하리(暴下痢)에도 조기를 구워 먹는 것이 효과가 좋다고 나온다. 이처럼 위의 두 증상에 조기를 권한 것은 『동의보감(東醫寶鑑)』이나 『본초강목(本草綱目)』 같은 우리나라와 중국의 의학서적에 조기가 일종의 치료제로 기능한다고 나와 있기 때문이다. 『동의보감』에는 조기가 설사와 위장병에 특효라는 설명이 나온다. 또한 맛이 좋아서 음식 맛을 나게 한다고 소개되어 있다. 한편 『본초강목』은 조기가 입맛을 살려줄 뿐만 아니라 소화가 살 되게 해준다고 말한다. 속이 불편하거나 설사가 나올 때 조기를 먹

으면 된다는 믿음은 아주 오래전부터 존재했는데 이는 결국 오랫
동안 쌓인 경험을 토대로 한 처방일 것이다.

조기라는 이름 자체가 도울 조(助)에 기운 기(氣)자를 쓰고 있다
는 점도 눈길을 끈다. 물론 이런 뜻으로 조기를 부른 것이 아니라
우리말을 한문으로 바꿔 부른 것이지만 그 의미만큼은 제대로 전
해졌다고 볼 수 있다.

조기의 신세계

바다에서 지내는 조기를 인공적으로 양식하는 데서 가장 중요한 것은 수조다. 수조가 곧 조기의 생활 터전이 되어주기 때문이다. 조기 양식에는 원형 수조를 쓴다. 조기가 빙빙 돌면서 헤엄을 칠 수 있게 해주기 위해서다. 수조는 외부 충격을 적게 받는 콘크리트로 만들어야 하고 수심은 항상 1미터를 유지하도록 조절해야 한다.

참조기는 민감한 어류라서 약간의 충격이나 소음에도 상태가 나빠질 수 있으며 벽에 머리를 부딪쳐서 폐사하는 경우가 많다. 따라서 양식장은 조용한 곳에 만들어야 하고 최대한 어둡게 해야 한다. 먹이에 영양제를 섞어서 건강을 유지하는 것도 중요하다.

양식장의 조기는 자연 상태처럼 봄철에 산란을 유도한다. 암컷과 수컷이 짝을 지어서 산란한 알들은 그물에 모아져 다른 수조

289

로 간다. 그리고 그곳에서 선별된 수정란들을 인공으로 부화시키
는데 이렇게 태어난 치어들에겐 수조가 고향이 된다. 이후 양식장
출신 조기들은 한 번도 가보지 못했던 낯선 바다에 방류된다. 인
간의 남획으로 사라진 조기를 역설적으로 인간이 다시 살려낸 셈
인데, 이는 한국인의 오랜 식생활 친구인 조기를 잃지 않겠다는
의지의 소산이라 할 수 있다.

조기의 역사, 조기와 함께한 역사

어떤 음식은 단순히 끼니를 채우는 것을 넘어선다. 예컨대 짜장
면이 소울푸드가 된 것은 맛이 있기도 했었지만 졸업식과 입학식
때에 먹던 음식이라는 점도 한몫했다. 성장의 나이테 같은 시절이
며, 자라고 나서 뒤돌아볼 수 있는 시간을 함께한 음식이기 때문
에 사람들은 짜장면을 기억한다. 정확하게는 짜장면을 먹던 시절
을 잊지 않은 것이다. 그래서 사람들은 짜장면을 그리워했고, 외식
의 종류가 다양해진 현재에도 살아남았다. 차이나타운에 자리 잡
은 수많은 중국집들은 어쩌면 그 추억의 한 조각일 수도 있다.
　조기 역시 마찬가지다. 다양한 생선들을 마음껏 즐길 수 있고,
가격이 엄청나게 뛴 지금도 사람들은 조기를 찾는다. 그것은 조
기 속에 자리매김한 우리의 역사 때문일 것이다. 우리 역사 속에

남아 있는 다양하고 오래된 기억들은 아무리 가격이 오르고 잡기 어려워져도 조기를 찾을 수밖에 없게 만든다.

조기의 한국사를 마무리 지을 무렵, 조기의 고향이라고 할 수 있는 법성포를 방문한 적이 있었다. 조기 모양의 조형물부터 거리 곳곳에 있는 조기 판매점과 음식점들이 즐비했다. 포구에 돌아온 어선들은 물고기와 함께 짠 바다 냄새까지 신고 왔다. 그런 모습들을 사진에 담으면서 조기와 함께한 우리의 역사를 떠올렸다. 그렇게 돌아다니다가 조기로 굴비를 만드는 일을 하는 할머니의 흥얼거리는 콧노래를 들었다. 세월이 녹아 있는 노랫가락을 들으면서 역사는 책에만 담겨 있고, 문구로만 기억되는 것이 아니라는 사실을 다시금 깨달았다.

참고문헌

단행본

강제윤, 『바다의 황금시대, 파시』, 한겨레출판, 2012

권내현, 『노비에서 양반으로, 그 머나먼 여정』, 역사비평사, 2014

김수관, 김민영, 김태웅, 김중규 외, 『고군산군도 인근 서해안지역 수산업사 연
   구』, 군산대학교 환항해연구원 환항해 연구총서8, 선인, 2008

김수희, 『근대 일본어민의 한국진출과 어업경영』, 경인문화사, 2010

김정호, 『조선의 탐식가들』, 따비, 2012

나승만·김준·이경엽·박종오·이윤선, 『서해와 연평도』, 민속원, 2011

나승만·조경만·고광민·이경엽·이윤선, 『서해와 조기』, 경인문화사, 2008

다케쿠니 도모야스 저, 오근영 역, 『한일 피시로드, 홍남에서 교토까지 일본 저
   널리스트가 탐구한 한일 생선 교류의 역사』, 따비, 2014

모로 미야 저, 허유영 역, 『에도 일본: 현대 일본 문화의 토대』, 일빛, 2006

박광순, 『바다와 어촌의 사회경제론: 한일 비교분석』, 전남대학교 출판부, 1998

서울특별시 시사편찬위원회 저, 『서울 2천년사 15 조선시대 서울 경제의 성장』,
   서울특별시 시사편찬위원회, 2013

윤덕노, 『음식으로 읽는 한국 생활사』, 깊은 나무, 2014

윤서석, 『역사와 함께한 우리 식생활 문화』, 신광출판사, 2008

이계열, 『한일어부의 접촉과 마찰』, 전남대학교 출판부, 2008

이태원, 『현산어보를 찾아서3: 사리 밤하늘에 꽂핀 과학정신』, 청어람미디어, 2002

정약전 저, 정문기 역, 『자산어보: 흑산도의 물고기들』, 지식산업사, 2012

제임스. B 팔레 저, 김범 역, 『유교적 경세론과 조선의 제도들1: 유형원과 조선 후기』, 산처럼, 2008

조성윤·허남춘·주강현·정광중·양성필·정희종·윤순희·김윤정·고미, 『추자도 바당』, 제주바당총서1, 블루 앤 노트, 2012

조자호 저, 정양환 역, 『조선 요리법: 75년 전에 쓰인 한국 전통음식문화의 정수』, 책미래, 2014

주강현, 『조기에 관한 명상, 황금투구를 쓴 조기를 기다리며』, 한겨레 신문사, 1998

주영하, 『그림속의 음식 음식속의 역사: 조선의 표상과 실재에 대해 다시 생각 하다』, 사계절, 2005

주영하, 『식탁 위의 한국사: 메뉴로 본 20세기 한국 음식문화사』, 휴머니스트, 2013

혼마 규스케 저, 최혜주 역, 『조선잡기: 일본인의 조선정탐록』, 김영사, 2008

황선도, 『멸치 머리엔 블랙박스가 있다: 물고기 박사 황선도의 열두 달 우리 바 다 물고기 이야기』, 부키, 2013

논문

강성복, 「【제3주제】 조선후기 홍성 성호리 동제의 신격 변화: 임경업 장군의 수용시기와 그 배경」, 2007년 역사문화학회 월례발표회 학술발표 자료, 2007

강성복, 「어업환경의 변화와 서해 도서지역의 딩제」, 한구무속학 제25집, 2012

고광민, 「조기의 어법과 민속: 주벅. 살. 낚시를 중심으로」, 도서문화 제30집, 2007

김나영, 「조선시대 제주지역 포작의 사회적 지위와 직역변동」, 제주대학교 석사 학위논문, 2008

김수희, 「근대 일본식 어구 안강망의 전파와 서해안 어장의 변화 과정」, 대구사학 제104집, 2011

김연수·김수관, 「청산도 고등어파시와 칠산 조기파시의 비교고찰」, 한국도서연구 19권2호, 2007

김준, 「파시의 어업기술사적 고찰: 임자도 파시를 중심으로」, 민속학 연구 제17호, 2005

김준, 「파시의 해양문화사적 의미구조: 임자도 '타리파시와 재원파시'를 중심으로」, 도서문화 24권, 2004

김준, 「칠산 어장과 조기 파시에 대한 연구」, 도서문화 제34집, 2009

박광순, 「위도의 조기 파시에 대한 일고찰」, 한국도서연구 제11권, 2000

박준모, 「어획방법 변천에 따른 조기 어장의 이동에 관한 연구」, 농업사연구 제11권1호, 2012

서종원, 「서해안 임경업 장군 신앙 연구」, 중앙대학교 국어국문학과 고전문학전공, 2009

서종원, 「조기잡이 어업기술의 변화양상 고찰: 그물[網] 어업을 중심으로」, 도서문화 제34집, 2009

송화섭, 「부안 죽막동 수성당의 개양할미 고찰」, 민속학연구, 2008

오창현, 「18~20세기 서해의 조기어업과 어민문화」, 서울대학교 박사학위 논문, 2012

원종오, 「법성포의 영광굴비에 관한 연구」, 한국교원대학교대학원, 1997

이경엽, 「서해안의 배치기소리와 조기잡이의 상관성」, 한국민요학 15호, 2004

이경엽, 「임자도의 파시와 파시 사람들: 파시 사람들의 생활과 현지 주민들의 관계」, 도서문화 제24집, 2004

이경엽, 「충남 녹도의 조기잡이와 어로신앙」, 도서문화 제30집, 2007

이영금, 「칠산어장권의 해신 신앙과 특징」, 인문과학논총 제27집, 2010

이윤선, 「닻 그물 어로의 소멸에 나타난 도서민속사적 의미-진도군 조도군도를

중심으로」, 한국도서연구 제16권, 2004

이인화, 「충청남도 내포지역 마을제당에 관한 연구: 민속지리적 접근」, 동국대학

교 박사학위 논문, 2006

전남 해양수산과학원 영광센터, 「참조기 양식 기술지(알기 쉬운 참조기 양식2)」,

2014

조숙정, 「조기의 민족어류학적 접근: 서해 어민의 토착지식에 관한 연구」, 한국

문화인류학 45, 2012

조현설, 「마고할미·개양할미·설문대할망」, 민족문학사연구 41권, 2009

한은선, 「어업 환경의 변화에 따른 어촌 마을 굿의 변화 양상」, 목포대학교 박사

학위 논문, 2014

한인수, 「한말의 연평도 근해 조기어업 소고」, 국토지리학회지 3호, 1977

기타

국립수산과학원: http://www.nifs.go.kr

네이버 지식백과: 국역 고려사 - 열전 이자겸

네이버캐스트 팔도식후경: 영광법성포 굴비

문화콘텐츠닷컴: http://www.culturecontent.com/main.do

전라남도 해양수산과학원: http://ofsi.jeonnam.go.kr

조선왕조실록 사이트: sillok.history.go.kr

작은 옷에 숨은 큰 이야기
이민정 지음

옷장에서 나온
인문학

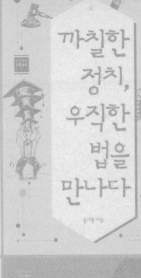

까칠한 정치, 우직한 법을 만나다

송지혜 지음

무섭지만 재미있게
세상과 통하는
철학

집에 들어온
인문학

세상을 해석한다
청년을 위한 세계사 강의

고대 서아시아에서
근대 공화정까지
①

명언 철

그래서 철학자는
이렇게 말했다

책상을 떠난
철학

망치를 든 철학자
2 니체

불꽃을 품은 철학자
포이어바흐

청와대는 건물 이름이

기호학으로 세상

푸른들녘 인문·교양 시리즈

인문·교양의 다양한 주제들을 폭넓고 섬세하게 바라보는 〈푸른들녘 인문·교양〉 시리즈. 일상에서 만나는 다양한 주제들을 통해 사람의 이야기를 들여다본다. '앎이 녹아든 삶'을 지향하는 이 시리즈는 주변의 구체적인 사물과 현상에서 출발하여 문화·정치·경제·철학·사회·예술·역사 등 다방면의 영역으로 생각을 확대할 수 있도록 구성되었다. 독특하고 풍미 넘치는 인문·교양의 향연으로 여러분을 초대한다.

2014 한국출판문화산업진흥원 청소년 권장도서 | 2014 대한출판문화협회 청소년 교양도서

001 옷장에서 나온 인문학

이민정 지음 | 240쪽

옷장 속에는 우리가 미처 눈치 채지 못한 인문학과 사회학적 지식이 가득 들어 있다. 옷은 세계 곳곳에서 벌어지는 사건과 사람의 이야기를 담은 이 세상의 축소판이다. 패스트패션, 명품, 부르카, 모피 등등 다양한 옷을 통해 인문학을 만나자.

2014 한국출판문화산업진흥원 청소년 권장도서 | 2015 세종우수도서

002 집에 들어온 인문학

서윤영 지음 | 248쪽

집은 사회의 흐름을 은밀하게 주도하는 보이지 않는 손이다. 단독주택과 아파트, 원룸과 고시원까지, 겉으로 드러나지 않는 집의 속사정을 꼼꼼히 들여다보면 어느덧 우리 옆에 와 있는 인문학의 세계에 성큼 들어서게 될 것이다.

2014 한국출판문화산업진흥원 청소년 권장도서

003 책상을 떠난 철학

이현영 · 장기혁 · 신아연 지음 | 256쪽

철학은 거창한 게 아니다. 책을 통해서만 즐길 수 있는 박제된 사상도 아니다. 언제 어디서나 부딪힐 수 있는 다양한 고민에 질문을 던지고, 이에 대한 답을 스스로 찾아가는 과정이 바로 철학이다. 이 책은 그 여정에 함께할 믿음직한 나침반이다.

2015 세종우수도서

004 우리말 밭다리걸기

나윤정 · 김주동 지음 | 240쪽

우리말을 정확하게 사용하는 사람은 얼마나 될까? 이 책은 일상에서 실수하기 쉬운 잘못들을 꼭 집어내어 바른 쓰임과 연결해주고, 까다로운 어법과 맞춤법을 깨알 같은 재미로 분석해주는 대한민국 사람을 위한 교양 필독서다.

2014 한국출판문화산업진흥원 청소년 권장도서

005 내 친구 톨스토이

박홍규 지음 | 344쪽

톨스토이는 누구보다 삐딱한 반항아였고, 솔직하고 인간적이며 자유로웠던 사람이다. 자유·자연·자치의 삶을 온몸으로 추구했던 거인이다. 시대의 오류와 통념에 정면으로 맞선 반항아 톨스토이의 진짜 삶과 문학을 만나보자.

006 걸리버를 따라서, 스위프트를 찾아서

박홍규 지음 | 348쪽

인간과 문명 비판의 정수를 느끼고 싶다면 《걸리버 여행기》를 벗하라! 그러나 《걸리비 어행기》를 제대로 이해하고 싶다면 이 책을 읽어라! 18세기에 쓰인 《걸리버 여행기》가 21세기 오늘을 살아가는 우리에게 어떻게 적용되는지 따라가보자.

007 까칠한 정치, 우직한 법을 만나다

승지홍 지음 | 440쪽

"법과 정치에 관련된 여러 내용들이 어떤 식으로 연결망을 이루는지, 일상과 어떻게 관계를 맺고 있는지 알려주는 교양서! 정치 기사와 뉴스가 쉽게 이해되고, 법정 드라마 감상이 만만해지는 인문 교양 지식의 종합선물세트!

008/009 청년을 위한 세계사 강의 1, 2

모지현 지음 | 각 권 450쪽 내외

역사는 인류가 지금까지 움직여온 법칙을 보여주고 흘러갈 방향을 예측하게 해주는 지혜의 보고(寶庫)다. 인류 문명의 시원 서아시아에서 시작하여 분쟁 지역 현대 서아시아로 돌아오는 신개념 한 바퀴 세계사를 읽는다.

010 망치를 든 철학자 니체
vs. 불꽃을 품은 철학자 포이어바흐

강대석 지음 | 184쪽

유물론의 아버지 포이어바흐와 실존주의 선구자 니체가 한판 붙는다면? 박제된 세상을 겨냥한 철학자들의 돌직구와 섹시한 그들의 뇌구조 커밍아웃! 무릉도원의 실제 무대인 중국 장가계에서 펼쳐지는 까칠하고 직설적인 철학 공개토론에 참석해보자!

011 맨 처음 성^性 인문학

박홍규 · 최재목 · 김경천 지음 | 328쪽

대학에서 인문학을 가르치는 교수와 현장에서 청소년 성 문제를 다루었던 변호사가 한마음으로 집필한 책. 동서양 사상사와 법률 이야기를 바탕으로 누구나 알지만 아무도 몰랐던 성 이야기를 흥미롭게 풀어낸 독보적인 책이다.

012 가거라 용감하게, 아들아!

박홍규 지음 | 384쪽

지식인의 초상 루쉰의 삶과 문학을 깊이 파보는 책. 문학 교과서에 소개된 루쉰, 중국사에 등장하는 루쉰의 모습은 반쪽에 불과하다. 지식인 루쉰의 삶과 작품을 온전히 이해하고 싶다면 이 책을 먼저 읽어라!!

013 태초에 행동이 있었다

박홍규 지음 | 400쪽

인생아 내가 간다, 길을 비켜라! 각자의 운명은 스스로 개척하는 것! 근대 소설의 효시, 머뭇거리는 청춘에게 거울이 되어줄 유쾌한 고전, 흔들리는 사회에 명쾌한 방향을 제시해줄 지혜로운 키잡이 세르반테스의 『돈키호테』를 함께 읽는다!

014 세상과 통하는 철학

이현영 · 장기혁 · 신아연 지음 | 256쪽

요즘 우리나라를 '헬 조선'이라 일컫고 청년들을 'N포 세대'라 부르는데, 어떻게 살아야 되는 걸까? 과학 기술이 발달하면 우리는 정말 더 행복한 삶을 살 수 있을까? 가장 실용적인 학문인 철학에 다가서는 즐거운 여정에 참여해보자.

015 명언 철학사

강대석 지음 | 400쪽

21세기를 살아갈 청년들이 반드시 읽어야 할 교양 철학사. 철학 고수가 엄선한 사상가 62명의 명언을 통해 서양 철학사의 흐름과 논점, 쟁점을 한눈에 꿰뚫어본다. 철학 및 인문학 초보자들에게 흥미롭고 유용한 인문학 나침반이 될 것이다.

016 청와대는 건물 이름이 아니다

정승원 지음 | 272쪽

재미와 쓸모를 동시에 잡은 기호학 입문서. 언어로 대표되는 기호는 직접적인 의미 외에 비유적이고 간접적인 의미를 내포한다. 따라서 기호가 사용되는 현상의 숨은 뜻과 상징성, 진의를 이해하려면 일상적으로 통용되는 기호의 참뜻을 알아야 한다.

017 내가 사랑한 수학자들

박형주 지음 | 208쪽

20세기에 활약했던 다양한 개성을 지닌 수학자들을 통해 '인간의 얼굴을 한 수학'을 그린 책. 그들이 수학을 기반으로 어떻게 과학기술을 발전시켰는지, 인류사의 흐름을 어떻게 긍정적으로 변화시켰는지 보여주는 교양 필독서다.

018 루소와 볼테르 인류의 진보적 혁명을 논하다

강대석 지음 | 232쪽

볼테르와 루소의 논쟁을 토대로 "무엇이 인류의 행복을 증진할까?", "인간의 불평등은 어디서 기원하는가?", "참된 신앙이란 무엇인가?", "교육의 본질은 무엇인가?", "역사를 연구하는데 철학이 꼭 필요한가?" 등의 문제에 대한 답을 찾는다.

019 제우스는 죽었다 그리스로마 신화 파격적으로 읽기

박홍규 지음 | 416쪽

그리스 신화에 등장하는 시기와 질투, 폭력과 독재, 파괴와 침략, 지배와 피지배 구조, 이방의 존재들을 괴물로 치부하여 처단하는 행태에 의문을 품고 출발, 종래의 무분별한 수용을 비판하면서 신화에 담긴 3중 차별 구조를 들춰보는 새로운 시도.

020 존재의 제자리 찾기 청춘을 위한 현상학 강의

박영규 지음 | 200쪽

현상학은 세상의 존재에 대해 섬세히 들여다보는 학문이다. 어려운 용어로 가득한 것 같지만 실은 어떤 삶의 태도를 갖추고 어떻게 사유해야 할지 알려주는 학문이다. 이 책을 통해 존재에 다가서고 세상을 이해하는 길을 찾아보자.

2018 세종우수도서(교양부문)

021 코르셋과 고래뼈

이민정 지음 | 312쪽

한 시대를 특징 짓는 패션 아이템과 그에 얽힌 다양한 이야기를 풀어낸다. 생태와 인간, 사회 시스템의 변화, 신체 특정 부위의 노출, 미의 기준, 여성의 지위에 대한 인식, 인종 혹은 계급의 문제 등을 복식 아이템과 연결하여 흥미롭게 다뤘다.

2018 세종우수도서

022 불편한 인권

박홍규 지음 | 456쪽

저자가 성장 과정에서 겪었던 인권탄압 경험을 바탕으로 인류의 인권이 증진되어온 과정을 시대별로 살핀다. 대한민국의 헌법을 세세하게 들여다보며, 우리가 과연 제대로 된 인권을 보장받고 살아가고 있는지 탐구한다.

023 노트의 품격

이재영 지음 | 272쪽

'역사가 기억하는 위대함, 한 인간이 성취하는 비범함'이란 결국 '개인과 사회에 대한 깊은 성찰'에서 비롯된다는 것, 그리고 그 바탕에는 지속적이며 내밀한 글쓰기 있었음을 보여주는 책.

024 검은물잠자리는 사랑을 그린다

송국 지음, 장신희 그림 | 280쪽

곤충의 생태를 생태화와 생태시로 소개하고, '곤충의 일생'을 통해 곤충의 생태가 인간의 삶과 어떤 지점에서 비교되는지 탐색한다.

2019 한국출판문화산업진흥원 9월의 추천도서 | 2019 책따세 여름방학 추천도서

025 헌법수업 말랑하고 정의로운 영혼을 위한

신주영 지음 | 324쪽

'대중이 이해하기 쉬운 언어'로 법의 생태를 설명해온 가슴 따뜻한 20년차 변호사 신주영이 청소년들을 대상으로 헌법을 이야기한다. 우리에게 가장 중요한 권리, 즉 '인간을 인간으로서 살게 해주는 데, 인간을 인간답게 살게 해주는 데' 반드시 요구되는 인간의 존엄성과 기본권을 명시해놓은 '법 중의 법'으로서의 헌법을 강조한다.

026 **아동인권** 존중받고 존중하는 영혼을 위한

김희진 지음 | 240쪽

아동의 건강한 성장을 위한 권리 교육! 인권 수업은 아동 때부터, 그것도 진지하고도 치밀하게 시작되어야 한다! 우리 사회가 보호받아야 할 아동의 권리에 대해 얼마나 무지하고 무관심했는지를 돌아보고, 더 진전된 논의를 위한 단초를 제시한다. 부모, 교사를 비롯한 어른도 읽어야 하지만, 자아 존중감은 물론이고 타인의 인권에 대한 인식을 올바로 갖추어야 할 청소년기에 꼭 권장되어야 할 책.

027 **카뮈와 사르트르** 반항과 자유를 역설하다

강대석 지음 | 224쪽

카뮈와 사르트르는 공산주의자들과 협력하기도 했고 맑스주의를 비판하기도 했다. 그러므로 이들의 공통된 이념과 상반된 이념이 무엇이며 이들의 철학과 맑스주의가 어떤 관계에 있는가를 규명하는 것은 현대 철학을 이해하는 데 매우 중요한 열쇠가 될 것이다. 카뮈와 사르트르는 역사의 뒤편으로 사라졌지만, 이들의 사상은 여전히 살아 숨 쉰다! 21세기 한반도를 살아가는 청년들에게 이들의 철학이 주는 메시지는 무엇인가?

028 스코 박사의 과학으로 읽는 역사유물 탐험기

스코박사(권태균) 지음 | 272쪽

우리 역사 유물 열네 가지에 숨어 있는 과학의 비밀을 풀어낸 융합 교양서. 시공을 초월하는 문화유산을 탄생시킨 과학적 원리에 대해 '왜?'라고 묻고 '어떻게?'를 탐구한 성과를 모은 이 책은 인문학의 창으로 탐구하던 역사를 과학이라는 정밀한 도구로 분석한 신선한 작업이다. "여기에 이런 과학이!"라면서 아하 체험을 할 수 있는 점, 읽는 재미를 더해주는 삽화와 생소한 과학 개념어를 설명한 팁박스, 조미료처럼 들어간 당대 주변국 이야기는 덤.

2015 우수출판콘텐츠 지원사업 선정작
029 케미가 기가 막혀

이희나 지음 | 264쪽

유명 화학자들의 실험과 그들의 이론을 일상의 예를 들어 설명하고 학생들이 집, 혹은 학교 실험실에서 간단하게 해볼 수 있는 실험들로 내용을 꾸몄다. 더 나아가 실험 결과를 알기 쉽게 풀어 설명하고 왜 그런 현상이 일어나는지, 실생활에서 어떻게 활용할 수 있는지, 친밀한 예를 곁들여 화학 원리의 이해를 돕는다. 학생뿐 아니라 평소 과학에 관심이 많았던 독자들의 교양서로도 충분히 활용할 수 있다.